62.60

Von links nach rechts: Wassily Kandinsky, Walter Gropius, J. J. P. Oud. Bauhauswoche Weimar, 1923

Günther Stamm

J. J. P. Oud

Bauten und Projekte 1906 bis 1963

Herausgegeben von Brigitte Stamm

Bei Florian Kupferberg, Mainz Berlin

© 1984 bei Florian Kupferberg Verlag, Mainz.
Alle Rechte, auch die des Nachdrucks in Auszügen,
der photomechanischen Wiedergabe und der
Übersetzung, vorbehalten.

Satz: Setzerei Lihs, Ludwigsburg
Reproduktion: Heimann & Waschat, Kornwestheim
Druck und Einband: Passavia Druckerei GmbH, Passau
Printed in Germany

ISBN 3 7837 0087 6

Inhaltsverzeichnis

Vorbemerkung der Herausgeberin

Mein Bruder Günther Stamm (geb. 11. 3. 1940 in Treuburg, Ostpreußen, gest. am 3. 10. 1982 in Tallahassee, Florida) wurde uns jäh entrissen, tief betrauert von seiner Familie und seinen Freunden. Nachdem er in Göttingen bei H. R. Rosemann studiert und promoviert hatte, lehrte er von 1969 bis 1973 als Assistant-Professor an der Universität von South Carolina (Columbia) und anschließend als Associate Professor an der Florida State University (Tallahassee) moderne Kunst und Architektur.

Das Manuskript für die vorliegende Veröffentlichung ganz zu vollenden, war ihm nicht mehr beschieden. Für das Kapitel über Ouds Spätwerk lagen vorbereitende Notizen und das Abbildungsverzeichnis vor. Unter Verwendung der Materialien in dem Ausstellungskatalog ›The Architecture of J. J. P. Oud, Tallahassee 1978‹ wurde es von der Herausgeberin zusammengestellt. Zu ergänzen waren ebenfalls die Anmerkungen. Weitere redaktionelle Hinzufügungen sind am jeweiligen Ort vermerkt.

Elisabeth Reinhartz-Tergau, Voorschoten (Den Haag), und Bernhard Colenbrander, Amsterdam, sei an dieser Stelle für ihre freundliche Unterstützung gedankt.

Berlin, im April 1983   *Brigitte Stamm*

Vorwort

Wir versuchen, einen Überblick über J. J. P. Ouds künstlerisches Schaffen zu geben, wie es sich in seinen Bauten, Projekten und theoretischen Beiträgen manifestiert. Es ging darum, ein gewisses Maß an Detailinformationen auszubreiten, ohne die großen Züge des Gesamtwerks aus den Augen zu verlieren; eine möglichst präzise Forschungsbilanz wurde angestrebt.

Vielleicht gelingt also auf den folgenden Seiten eine Synthese von historisch abgeschlossenen Aspekten und noch offenen Dimensionen, die sich uns erst heute, da die Architekturgeschichte der letzten 25 Jahre einschneidende Revisionen erfährt, langsam erschließen. Ouds Oeuvre fasziniert ja durch ein angestrengtes Suchen nach dem noch kaum Erkennbaren, das sich in seiner Entwicklung in einer Vielzahl von oft überraschenden Metamorphosen niederschlägt. In dieser Beziehung ist der holländische Baumeister wohl nur mit Frank Lloyd Wright, dem sich Oud geistig sehr nahe fühlte, zu vergleichen.

Der vorliegende Band entstand als Ergebnis der vom Verfasser organisierten Ausstellung ›The Architecture of J. J. P. Oud 1906–1963‹, die in der Fine Arts Gallery der Florida State University im Mai 1978 gezeigt und dann von der Architectural Association in London übernommen wurde. In der Ausstellung in Florida konnte zum ersten Mal seit der nun schon legendären Übersicht des Jahres 1932, ›Modern Architecture, International Exhibition‹, die von Henry-Russel Hitchcock und Philip Johnson für das New Yorker Museum of Modern Art erarbeitet wurde, das Werk des niederländischen Architekten wieder im einzelnen in den Vereinigten Staaten vorgestellt werden.

Wichtige Hinweise verdanke ich meinen Kollegen Nancy Troy, John Hopkins University, und Jane Beckett, University of East Anglia. Gespräche mit Karl-Heinz Hüter, Berlin (DDR), Hans L. C. Jaffé, Amsterdam, Wolfgang Pehnt, Köln, Karel Wiekart, Amsterdam, und Hans M. Wingler, Berlin, fanden im Text ihren Niederschlag.

Die niederländischen Botschaften in Washington und London gewährten Hilfe, Konsul Moerings, Jacksonville, ist für sein Interesse zu danken, Chairman Alvin Boyarski und Micki Hawkes von der *Architectural Association* ist der Verfasser verpflichtet. Fons Asselberg, Dick von Woerkom, Wim de Wit und Manfred Bock unterstützten mein Anliegen im *Nederlands Documentatie Centrum voor de Bouwkunst.* Herman van Dam, der langjährige Assistent Ouds, hat zur Klärung wichtiger Probleme beigetragen. Meinen Freunden im *Werkcentrum De Pauwhof* bin ich für viele Diskussionen dankbar. Die Wochen ungestörter Arbeit in dieser Villa in Wassenaar waren stets besonders gewinnbringend.

Jaap van Praag, Direktor des *Institut Néerlandais* in Paris, sowie Anne van der Jagt von der *Fondation Custodia* zeigten stets liebenswürdige Hilfsbereitschaft. Bernard Sliger, Präsident der *Florida State University,* und J. L. Draper, Dekan der *School of Visual Arts,* stellten die unerläßlichen Mittel und Forschungssemester zur Verfügung. Dem *Graduate Research Council* der *Florida State University* bin ich verpflichtet.

Dem Verlag Florian Kupferberg und besonders Herrn Dr. C. A. Kupferberg, dessen persönliches Engagement die Veröffentlichung dieses Buches unter schwierigen Umständen ermöglichte, sage ich meinen herzlichen Dank. Es ist eine glückliche Fügung, daß dieser Band in Nachbarschaft zu der in diesem Verlag erscheinenden Reihe ›Neue Bauhausbücher‹ ediert werden kann; in den Bauhausbüchern hatten sich neben van Doesburg und Mondrian auch J. J. P. Oud schon früh zu den architektonischen Fragen der zwanziger Jahre geäußert.

Am tiefsten bin ich der Freundschaft und Großzügigkeit von Frau J. M. A. Oud-Dinaux, der Witwe des Architekten, verbunden. Die vielen Monate, die ich in ihrem Haus verbringen konnte, erbrachten jene Vertrautheit mit Werk und Persönlichkeit J. J. P. Ouds, die aus Archivstudien nicht zu gewinnen ist. Frau Oud-Dinaux hat sich durch die aufopfernde Pflege des Nachlasses ihres Mannes und ihr Interesse an der reichen Tradition der modernen holländischen Architektur große Verdienste erworben. Es ist zu hoffen, daß dieser nun fast 20jährigen Tätigkeit auch eine öffentliche Anerkennung nicht versagt bleiben wird.

Günther Stamm
Florida State University, Tallahassee,
August 1982
Werkcentrum De Pauwhof Wassenaar,
September 1982

Einleitung

Vor fünfundzwanzig Jahren erschien Jacobus Johannes Pieter Ouds kurze Autobiographie, die in diesem Buch wieder Aufnahme gefunden hat. Der Architekt stand am Ende eines ungewöhnlich kreativen und intensiven Lebens, das höchste internationale Anerkennung nach dem Ersten Weltkrieg, schwere Krisen in den dreißiger und vierziger Jahren sowie respektvolle Achtung im letzten Lebensjahrzehnt umspannte. Als der Künstler 1957/58 das Manuskript für ›Mein Weg in ‚De Stijl'‹ fertigstellte, schien sein Spätwerk nicht mehr im Einklang mit den Bautendenzen der Zeit zu stehen. Die Bedeutung seines Schaffens hatte sich für viele auf Ouds vorübergehende Neigung zu der ›De Stijl‹-Gruppe und auf seinen beispielhaften Wohnungsbau in Rotterdam, Hoek van Holland und Stuttgart reduziert. Die Vielschichtigkeit seines Werks, die Dynamik, aber auch die Dissonanzen in seinen Arbeiten waren weitgehend vergessen.

Heute beobachten wir eine Oud-Renaissance, die von einem regen Interesse an ›De Stijl‹ im allgemeinen begleitet ist. Umfassende Ausstellungen seines Oeuvres sind dem amerikanischen Publikum im Mai 1978 in der *Florida-State-University*[1] und der englischen Öffentlichkeit im Januar 1979 in der *London Architectural Association*[2] veranstaltet worden. Im Rahmen der Ausstellungsreihe ›Het Nieuwen Bouwen‹ wurde in Rotterdam, Amsterdam, Otterlo und Den Haag von November 1982 bis Juli 1983 Ouds Schaffen eingehend gewürdigt. Die *Rotterdamse Kunststichting* und das *Nederlands Documentatiecentrum voor de Bouwkunst,* Amsterdam, veranstalteten von Dezember 1981 bis zum Februar 1982 in Rotterdam eine Oud-Ausstellung. Sie wurde der italienischen Öffentlichkeit vom Mai 1982 bis Juni 1983 in Como, Bologna, Neapel, Rom, Pescara, Venedig und Varese vorgestellt. Voraussichtlich wird sie 1984 auch in der Bundesrepublik Deutschland zu sehen sein. Mehrere Dissertationen beschäftigten sich mit Ouds Arbeiten, und eine Vielzahl von Einzeluntersuchungen erschien in jüngster Zeit[3].

Wie erklärt sich dieser Umschwung? Zum einen hängt er sicher mit der anhaltenden Faszination zusammen, die, aus welchen Gründen auch immer, die Kunst der zwanziger und dreißiger Jahre gegenwärtig auf uns ausübt und die in großen Ausstellungen in Berlin und Paris publikumswirksam Ausdruck fand[4]. Zum andern spielt die augenblickliche Krise der Baukunst eine wesentliche Rolle. Als Philip

Johnson, der langjährige Freund Ouds, 1978 erklärte, daß ›wir an einem Wendepunkt stehen, wie wir ihn vielleicht seit 50 Jahren nicht erlebt haben‹[5], so reflektierte er damit nur die heute von vielen gefühlte Verunsicherung.

Noch in den frühen sechziger Jahren stand die Architekturkritik weitgehend im Bann des Internationalen Stils. Die von Giedion, Joedicke, Hitchcock und anderen Autoren aufgestellten Normen setzten verbindliche Maßstäbe[6]. Es bedurfte erst eines erneuten Durchdenkens der modernen Baugeschichte in ihrer tatsächlichen Komplexität, bevor Revisionen und differenzierte Analysen möglich wurden. Architekten, Historiker und Kritiker wie Banham, Venturi, Jencks, Blake, Pehnt, Stern und Drexler haben dabei das Bild der Architektur-Moderne wesentlich bereichert[7].

Die Ergebnisse dieser Bemühungen führten zu den sich immer stärker durchsetzenden – aber durchaus nicht unumstrittenen – Interpretationen der jüngsten Baugeschichte, die weit mehr von ›Komplexität und Widerspruch‹, von ›Post-Modernismus‹ und ›Transformationen‹ gekennzeichnet sind als von der geforderten Dominanz *einer* Stilrichtung[8]. Hinzu kommt eine nun positive Beurteilung der Beaux-Arts-Architektur und der Architekturgeschichte im allgemeinen im Hinblick auf die Lösung gegenwärtiger Formprobleme[9]. Die klassizistisch-monumentalen Anklänge und ornamentalen Experimente im Werk vieler Architekten um 1940 beeindrucken jetzt als hochaktuelle Vorläufer der gegenwärtigen Situation, wie es auf dem amerikanischen Architekturhistorikerkongreß des Jahres 1979 deutlich wurde[10]. Und der eben erwähnte Philip Johnson berichtete im Frühjahr 1979 in London, daß in seinem Atelier mit zwölf verschiedenen ›Stilen‹ gearbeitet wird[11]. Die moderne Architektur, wie sie sich besonders seit den frühen zwanziger Jahren unter Leitbildern wie ›Funktionalismus‹, ›Neue Sachlichkeit‹ und ›Internationaler Stil‹ entwickelt hat, ist intensiver Kritik und zunehmendem Skeptizismus ausgesetzt.

Innerhalb dieses veränderten Horizontes ist die lange vergessene Multidimensionalität in Ouds Werk und seine frühe Absage an den Internationalen Stil heute von größter Attraktivität. Das mehrschichtige Schaffen des Architekten schließt seine bekannten funktionalistischen Werke der zwanziger Jahre, die übersehenen visionären Entwürfe aus dem gleichen Jahrzehnt, seine Hinwendung zum Ornamentalen und Klassizistischen in den vierziger Jahren und die fast postmodernistischen Arbeiten seines Spätwerks ein. Es wird im folgenden darum gehen, diesen ›unbekannten‹ Oud in das architekturhistorische Bewußtsein zu heben.

1906–1916. Die Ausführungen setzen mit einer Diskussion von Ouds Frühwerk ein, das recht unbekannt geblieben ist. Die Bauten und Projekte dieser Jahre zeigen eine bemerkenswerte stilistische Divergenz, die erst seit 1916 schrittweise einem Klärungsprozeß unterworfen wird. Thematisch gruppiert sich Ouds Frühwerk wesentlich um das Einfamilienhaus, jedoch beteiligt er sich auch an Prestigewettbewerben und greift jedenfalls das wichtige Problem der späteren Jahre, den sozialen Wohnungsbau, vereinzelt auf.

1917–1921. Oud tritt 1917 als Gründungsmitglied der ›De Stijl‹-Gruppe bei. Die besten Arbeiten dieser Zeit wie auch seine Aufsätze neigen zu radikalen Lösungen, denen auch das gewagte Experiment nicht fremd ist. Der Dialog mit den ›De

Stijl‹-Freunden und vor allem die Zusammenarbeit mit van Doesburg tragen deutliche Früchte. Vorübergehend zeigt sich Oud von der ›De Stijl‹-Ideologie gefesselt, die er auf dem Gebiet der Architektur bis 1921 führend vertritt. Besonders zwei nicht ausgeführte Projekte bringen internationalen Ruhm und etablieren Ouds Position im Zentrum der europäischen Avantgarde zu diesem Zeitpunkt. Die ›De Stijl‹-Periode läßt aber auch den behutsamen Baumeister erkennen, der in tatsächlich ausgeführten Wohnungseinheiten einen extremen Formalismus, sehr zum Leidwesen van Doesburgs, nicht gelten läßt. Dies führte zu immer größeren Spannungen mit van Doesburg, und Oud verläßt schließlich Ende 1921 die ›De Stijl‹-Gruppe. Er scheute sich jedoch nicht, auch in späteren Jahren den ›De Stijl‹-Kanon zu verwenden, wenn es ihm angemessen erschien.

1921–1927. Ouds bekannteste Werke aus den zwanziger Jahren wurden, wie zeitgenössische Quellen belegen, zu den beispielhaften Leistungen des Neuen Bauens gerechnet. Der Architekt schien mit 40 Jahren im Zenit seines Könnens zu stehen; er galt den maßgeblichen Zeitgenossen als Repräsentant des Funktionalismus *par excellence.* Diese Meinung wurde auch von späteren Historikern fast durchgängig übernommen.
Betrachtet man Ouds Schaffen aus dieser Zeitspanne genauer, so fallen eine Vielzahl von Projekten und Skizzen auf, die von der Forschung nicht behandelt worden sind. Sie zeigen einen experimentellen Reichtum und Formenwirbel, die Ouds Bruch mit dem Internationalen Stil bereits in den Jahren 1925 bis 1927 vorbereiten. Diese Phase seines Schaffens verlangt auch eine kurze Diskussion seiner Beziehungen zum Bauhaus und besonders zu Walter Gropius, dem Oud bis Mitte der dreißiger Jahre freundschaftlich verbunden blieb. Zu diesem Problemkreis ist vor allem die bisher nicht beachtete Korrespondenz zwischen beiden Architekten heranzuziehen.

1928–1937. In dem Jahrzehnt nach der Stuttgarter Weißenhofsiedlung wird nicht eines der von Oud in diesem Zeitraum entworfenen Projekte gebaut. Auf der einen Seite zählen ihn Barr, Hitchcock und Johnson auf der New Yorker Architekturausstellung des Jahres 1932 zu den vier führenden Baumeistern der Welt, auf der anderen Seite nimmt Ouds Nervenkraft seit 1927 merklich ab und zwingt ihn, sich für drei Jahre nach Kijkduin zurückzuziehen. 1933 tritt er schließlich von seinem Amt als Rotterdamer Stadtbaumeister zurück, kann sich aber als freier Architekt finanziell nicht durchsetzen. Möbel-, Besteckentwürfe und ähnliche Arbeiten erbringen das nötigste Einkommen; die architektonischen Planungen sind begrenzt.
Oud schlägt mehrere Einladungen nach Amerika, darunter einen Ruf an die Harvard University, aus und zeigt in seinen wenigen Entwürfen einen bemerkenswerten Mangel an Originalität: der Architekt befindet sich deutlich in einer tiefen Krise.

1938–1950. Sechs Jahre nach der New Yorker Ausstellung kehrt Oud derselben Architekturideologie, die ihm höchste internationale Anerkennung erbracht hatte, entschieden den Rücken zu. Seit dem Haager Shell-Haus, das interessanterweise stets Ouds Lieblingsbau blieb, entfernt er sich mehr und mehr von den Grundlagen des Internationalen Stils. Klassizistische Tendenzen und ornamentale Ausbrüche, die jetzt zu beobachten sind, stoßen auf völliges Unverständnis der Zeitgenossen. Diese Periode seines Werks bedarf einer gründlichen Revision.

Die Bauten und Entwürfe dieser Jahre überraschen durch eine teilweise große Affinität zu Werken des postmodernen Bauens. Sind sie als bloße Kuriosität des Internationalen Stils zu werten oder werden sie als Vorläufer der heutigen Architekturauffassung in der Baugeschichte ihren wichtigen Platz finden?

1951–1963. Seit etwa 1951 ist der Beginn einer Neuentwicklung spürbar. Oud geht es in seinem Spätwerk um eine Synthese seiner vielfältigen Bemühungen um eine ›komplette Architektur‹, wie der Baumeister sich ausdrückte. Das Schlagwort von den klaren Formen für deutlich ausgedrückte Bedürfnisse wird jetzt von der These der ›Melodie der Räume‹ abgelöst.

Festzuhalten ist, daß Oud nach den tastenden Versuchen der Jugendjahre durch seine ›De Stijl‹-Entwürfe international bekannt wird. In den zwanziger Jahren ist er einer der führenden Exponenten des neuen Bauens. Die bewußte Verneinung der funktionalistischen Architekturideologie führte ihn in die Jahre schweren Zweifels und angestrengten Suchens. Die volle Bedeutung seines Spätwerks scheint sich schließlich erst aus dem Gang der jüngsten Ereignisse zu erhellen.

Zu der in den folgenden Kapiteln angewandten Methodik sei festgestellt, daß sie sich weitgehend, wenn auch nicht ausschließlich, an formalen Kriterien orientieren wird. Dies rechtfertigt sich aus der wesentlichen Intention Ouds, wie sie sich aus seiner Korrespondenz, aus veröffentlichten Reflexionen, aus unpublizierten Manuskripten, aber auch aus Aussagen von Mitarbeitern und Freunden einstimmig ergibt. Der holländische Baumeister war zuerst und immer ein Formgeber von höchster Sensibilität. In der geduldigen Verfeinerung der ästhetischen Form lag seine geniale Begabung. Das bedeutet nicht, daß Oud technische oder soziologische Aspekte vernachlässigt hätte, aber diese waren letzten Endes eben von zweitrangiger Bedeutung. Gewiß kann eine derartige Architekturauffassung unterschiedlich beurteilt werden, es unterliegt aber keinem Zweifel, daß der Primat der Form für Oud selbstverständlich war. Interessanterweise scheint sich diese Sicht der Baukunst heute erneut durchzusetzen.

Ouds Lebenslauf:
Daten, Begegnungen, Stationen

1890   Jacobus Johannes Pieter Oud wird am 9. Februar in Purmerend (Nordholland) als Sohn der Theodora Oud, geb. Janszen, und des Hendrik Cornelis Oud geboren. Der Vater war Geschäftsmann. Zwei weitere Brüder, Gerrit Kassen Oud, geb. 1895, wurde Bankdirektor; Pieter Jacobus Oud, geb. 1897, war niederländischer Finanzminister und mehrfach Bürgermeister von Rotterdam. Künstlerische Neigungen waren in der Familie nicht vorhanden.

1904–1907 Er besucht die Schule für dekorative Kunst ›Quellinus‹ in Amsterdam.

1907/08 Assistent im Atelier von Cuijpers & Stuijt in Amsterdam. Stuijt war ein Freund von Ouds Vater und hatte auch zur Quellinus-Schule geraten, falls der junge Oud nicht ein volles Architekturstudium absolvieren wolle.

1909/10 Studium an der Amsterdamer Staatsschule für Zeichenunterricht. Lernt dort Berlages Tochter kennen. Durch sie Bekanntschaft mit H. P. Berlage, der für Oud vorübergehend zur Vaterfigur wird.

1910–1912 Gasthörer an der Technischen Hochschule Delft.

1911   Auf Empfehlung Berlages drei Monate Assistent im Atelier Theodor Fischers in München.

1912   Wird von Berlage nach seiner Rückkehr aus den USA mit Frank Lloyd Wrights Werk bekannt gemacht.

1912/13 Arbeitet als freier Architekt in Purmerend.

1913   Übersiedlung nach Leiden in die Marienpoelstraat. Zusammenarbeit mit Dudok.

1914   Dudok ist während des Ersten Weltkriegs bei Ouds Eltern in Purmerend einquartiert.

1916   Ende Mai erste Kontakte zu Theo van Doesburg, der im Sommer 1916 endgültig vom Wehrdienst freigestellt wird und nach Leiden zurückkehrt. Ab Juli 1916 erste Zusammenarbeit beider am de Geus-Haus. Ende 1916 Gründung des Künstlerklubs ›De Sphinx‹ in Leiden. Oud ist Präsident, van Doesburg Sekretär. Bekanntschaft mit Jan Wils, der in der Vereinigung mitarbeitet.

1916/17	Durch Vermittlung van Doesburgs nimmt Oud Kontakte zu den künftigen Gründungsmitgliedern von De Stijl auf wie auch zu frühen Mitarbeitern, z.B. Bart van der Leck und Robert van't Hoff. Beginn der langen Freundschaft mit Piet Mondrian.
1917	Im Juni Gründung der De Stijl-Gruppe. Gründungsmitglieder neben Theo van Doesburg und Oud sind Piet Mondrian, Vilmos Huszár und Antony Kok. Im Oktober erstes De Stijl-Heft mit Beitrag von Oud.
1917–1921	Zusammenarbeit mit van Doesburg und Kamerlingh Onnes, nach 1918 auch mit Gerrit Rietveld.
1918	Ernennung zum Rotterdamer Stadtbaumeister (›Afdelingschef von Volkshuisvesting en Bouwpolitie‹) und Übersiedlung von Leiden nach Rotterdam in den Schiedamscheweg. Heiratet am 27. Dezember J. M. A. Dinaux aus Heemstede. Weigert sich, das ›Erste Manifest‹ der De Stijl-Gruppe, wie auch alle folgenden, zu unterschreiben.
1920	Gründet die Gruppe ›Opbouw‹ in Rotterdam u.a. mit Kromhout und Gispen; bleibt Präsident bis 1925, Mart Stam wird Nachfolger. Adolf Behne in Rotterdam.
1920/21	Van Doesburgs Briefe verraten mehr und mehr dadaistische Tendenzen, die Oud irritieren. Zunehmende Meinungsverschiedenheiten über die Farbgestaltung für ›Spangen‹.
1921	April: Der Pariser Kunsthändler Leonce Rosenberg überträgt Oud durch Vermittlung van Doesburgs den Auftrag für ein ›Haus eines Kunstfreundes‹. Oud lehnt im September ab, da kein Grundstück vorhanden ist. Juni/Juli: Van Doesburgs Briefe weisen auf seine Schwierigkeiten mit Gropius und auf seine wachsende Isolierung in Weimar hin. November oder Dezember: Erste Reise nach Weimar. Treffen mit Lázló Moholy-Nagy in Berlin. Bruch mit van Doesburg. Oud tritt aus der De Stijl-Gruppe aus.
1922	Beginnende Freundschaft mit van de Velde, der sich in Holland als Nachfolger Berlages als Architekt der Kröllers niedergelassen hatte. Peter Behrens in Rotterdam. El Lissitzky in Rotterdam.
1922–1927	Vortragsreisen durch viele europäische Länder.
1923	August: Nimmt mit großem Erfolg an der Weimarer Bauhauswoche teil. Beteiligt sich mit Wils, Dudok, Stam und Longhem an der gleichzeitigen Internationalen Architekturausstellung. Intensive Kontakte mit Walter Gropius, die bis 1936 freundschaftlich bleiben. September: Bruno Taut in Rotterdam. Oktober: Beteiligung mit van Doesburg, van Eesteren, Huszár, van Leusden, Rietveld, Wils und Mies van der Rohe an der Ausstellung ›Les Architectes du Groupe De Stijl‹, die in Rosenbergs ›Galerie de l'Efforte Moderne‹ in Paris und später in Nancy gezeigt wird. November: Erich Mendelsohn in Rotterdam.
1924	Nähere Kontakte zu Mies van der Rohe, die bis zu dessen Emigration anhalten. Ludwig Hilberseimer in Rotterdam. Oud unterstützt auf Bitten von Gropius den Überlebenskampf des Weimarer Bauhauses.
1925	Otto Bartning bietet Oud an, den Neuaufbau des Architekturateliers des Weimarer Bauhauses zu übernehmen. Oud lehnt ab.

1926	Akzeptiert Mies van der Rohes Einladung zur Teilnahme an der Stuttgarter Werkbundausstellung des nächsten Jahres.
1927	Umzug innerhalb Rotterdams vom Schiedamscheweg in die Avenue Concordia. Walter und Ise Gropius in Rotterdam. Architekturredakteur der neuen Zeitschrift ›i.10‹.
1927–1930	Ouds angegriffene Nerven zwingen ihn, sich zur Erholung nach Kijkduin zurückzuziehen. Dort Diskussionen u.a. mit Sigfried Giedion, Kurt Schwitters, Lázló Moholy-Nagy, Henry Russell Hitchcock und Karl Moser.
1928	Berufung nach Düsseldorf auf Vorschlag von Wilhelm Kreis. Oud lehnt ab.
1929	Einladung der Princeton-University, die renommierte Kahn-Vorlesung zu halten, Oud bedauert. Versöhnung mit van Doesburg.
1930	Umzug nach Hillegersberg in den Villeneuvesingel. Erster Besuch von Philip Johnson, Ouds wichtigstem Freund in den dreißiger und vierziger Jahren.
1932	Nimmt an der von Hitchcock und Johnson organisierten Ausstellung ›Modern Architecture. International Exhibition‹ im New Yorker *Museum of Modern Art* mit triumphalem Erfolg teil. Wird im Katalog als einer der *vier* führenden Architekten der Welt und von Johnson brieflich zusammen mit Mies van der Rohe als erfolgreichster Ausstellungsteilnehmer gefeiert.
1933	Tritt von seinem Amt als Rotterdamer Stadtbaumeister zurück, eröffnet Privatatelier in Hillegersberg. In den nächsten zwanzig Jahren wiederholt nervliche Krisen. Johnson versucht, Oud als freien Architekten oder Universitätslehrer nach Amerika zu holen. Oud lehnt ab.
1936	Walther Curt Behrendt, der Oud von Besuchen in Rotterdam kannte, schlägt Ouds Berufung an die Harvard-University vor. Im Juni kommt Alfred Barr, Direktor des Museum of Modern Art, im Auftrag der Universität nach Holland und legt einen detaillierten Anstellungsvertrag vor. Als Antrittstermin wird der 1. Februar 1937 geplant. Oud bedauert erneut und schlägt Gropius vor, der bekanntlich das Angebot mit bedeutenden Konsequenzen für die amerikanische Szene annahm. Danach merkliche Abkühlung zwischen Oud und Gropius.
1938	F. Scott Fitzgerald bezeichnet Oud als den größten lebenden Architekten.
1940	Nach der Besetzung Hollands besuchte Bartning Oud und versucht, diesen zum Wiederaufbau einer Kirche zu überreden. Oud weigert sich, hat aber keine Repressalien zu spüren.
1946	Der ›Architectural Record‹ greift Oud wegen seines Shell-Hauses als einen ›Verräter der Prinzipien der modernen Architektur‹ scharf an.
1951	Treffen mit Frank Lloyd Wright in Paris. Die ›Architectural Review‹ lehnt einen Aufsatz von Oud als nicht mehr zeitgemäß ab. Oud hatte darin Gropius und den Gedanken des ›teamwork‹ verurteilt.
1954	Ehrendoktorwürde der Technischen Hochschule Delft. Umzug nach Wassenaar in die Doormanlaan.

1958	Beginn von Ouds Freundschaft mit Karel Wiekart, seinem Biographen der sechziger Jahre.
1962	Jürgen Joedicke in Wassenaar.
1949/63	Mehrere Staatsorden und öffentliche Ehrungen der Niederlande und Belgiens.
1963	Oud stirbt am 5. April in Wassenaar.

Das Frühwerk
1906–1916

Als Ouds Frühwerk sollen hier alle Bauten und Entwürfe verstanden werden, die vor dem im Sommer 1917 entworfenen Strandboulevardprojekt entstanden, das in der ersten Nummer der De Stijl-Hefte publiziert wurde[12]. Die scheinbare Unvereinbarkeit dieses radikalen Vorschlags mit Ouds Frühwerk ist oft empfunden worden. Joedicke z. B. hat dieses Problem erkannt, ohne aber zu einer befriedigenden Lösung zu gelangen[13]. Die Begegnung mit van Doesburg und die sich nun seit Ende 1916 vertiefende Freundschaft zwischen beiden Künstlern sowie Ouds Interesse für die kubistische und futuristische Malerei in jenen Jahren sind für sein neues Vokabular verantwortlich gemacht worden. Sicherlich spielen diese Faktoren eine Rolle; aber sie allein können die Sachlage nicht erklären. Nach Ansicht des Verfassers ergibt eine genaue Prüfung von Ouds ersten Arbeiten, daß seit 1911 eine Tendenz zu einem blockhaft geometrischen Komponieren, zu einem dynamischen Verschieben von Volumen im Raum erkennbar ist. Ihr konsequentes Endprodukt stellt, vielleicht unter dem klärenden Einfluß von Loos, die Scheveninger Häuserreihe dar. Auch ist die Binnenkonturierung dieses Entwurfs, dessen lineare Strenge in zeitgleichen Bildern Mondrians und van Doesburgs enge Parallelen findet, durchaus nicht ohne Vorläufer in Ouds frühen Werken.

Die Anfänge seiner baulichen Tätigkeit erfaßt man in und um Purmerend[14]. Die kurzen Bemerkungen, die sich über diesen Zeitraum in der Literatur finden, stilisieren Berlage zur alles überragenden Vaterfigur, die im Schaffen des jungen Oud dominiert. Zwar lernt Oud 1909 durch seine Bekanntschaft mit Berlages Tochter an der Amsterdamer Staatsschule für Zeichenunterricht den großen Baumeister persönlich kennen und schätzen; auch ist es richtig, daß Oud bis etwa 1920 in Wort und Tat Berlage verpflichtet ist; aber der junge Architekt war in diesen Jahren auch ganz anders gearteten Einflüssen ausgesetzt. Dies zeigt sich an der großen stilistischen Divergenz seines Frühwerks, das sich thematisch in drei Gruppen gliedern läßt: 1. Einfamilienhäuser von bescheidenen Dimensionen; 2. Sozialwohnungen und Apartmentblöcke und 3. Prestigewettbewerbe.

Im Alter von sechzehn Jahren baut Oud für Alida Hartog-Oud das Haus an der Venedien Nr. 7 in Purmerend *(Abb. 1)*. Außer dem ungewöhnlichen T-förmigen Fenster im 1. Stock bleibt dieser Bau, wie kaum anders zu erwarten, in der

örtlichen Tradition verankert. Gleiches gilt auch für die in den Jahren 1907 bzw. 1910 gestalteten Häuser an der Herengracht Nr. 14 und 23. Es handelt sich um gegliederte Backsteinfassaden, die durch sparsame dekorative Elemente weitere Belebung erfahren; in der Gestaltung der Türen klingt die Erinnerung an den Jugendstil nach. Die Grundrißführung bleibt konservativ; so verwendet Oud im ersten der beiden Beispiele im Erdgeschoß die typisch holländische Aufreihung von zur Straße gerichtetem Wohnzimmer, auf das Eß-Wohnraum und Veranda folgen; dieses Standardschema des gutbürgerlichen niederländischen Hauses mußte der Architekt in seinem 1910 entworfenen Gebäude variieren, da ein Büroraum im Erdgeschoß gefordert war. Die nun zwischen Büro und Eßzimmer angelegte größere Treppenhalle wird durch einen Kamin betont. Etwas unbeholfen wirkt der Raum zwischen Entree und Küche, der ungestaltet bleibt. In beiden Fällen handelt es sich um solide Lösungen, die an der respektablen Herengracht jedes unnötige Aufsehen vermeiden und sich mühelos in die gepflegte Bürgerlichkeit der Umgebung einpassen.

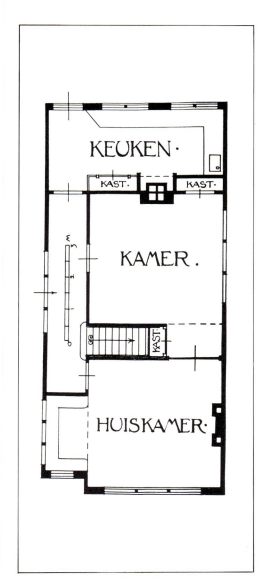

2
Brand-Haus, Grundriß.
Beemster, 1910/11

3
Brand-Haus.
Beemster, 1910/11

Auch von Haus Brand *(Abb. 2,3)*, 1910/11, wird noch das lokale Vokabular fortgesetzt; dennoch fällt es sofort auf, wenn man von Purmerend aus die Beemster Brücke überquert und den Zuiderweg entlanggeht. Die scharfe, kantige Dachlinie, das abgestufte Klinkerrelief im Obergeschoß und die spürbare Präzision des kleinen Baukubus geben diesem Haus eine gewisse Distinktion. Das T-Motiv taucht wieder in dem nun an die Westseite gelegten Haupteingang auf, von dem ein direkter Zugang zu Erdgeschoßzimmern, Küche und Treppe möglich ist. Das Obergeschoß überrascht durch einen zur Gartenseite orientierten Balkon, der dem Schlafzimmer vorgelagert ist; darunter befindet sich die Küche, die die ganze Breite des Hauses einnimmt. Zeitgenössische Innenaufnahmen zeigen, daß Oud hier dem Bauunternehmer Brand ein sehr gediegenes und relativ modernes Haus geschaffen hatte. Die etwas triste Aufreihung der Häuser am Zuiderweg erreicht nicht das Niveau der Herengracht, das Haus Brand braucht aber in seiner architektonischen Qualität einen Vergleich mit den dortigen Bauten nicht zu scheuen.

21

Das Gebäude für den Arbeiterverein Vooruit in Purmerend *(Abb. 4, 5)* stellt sich über L-förmigem Grundriß als eine Kombination aus Versammlungsflügel nebst Dachgeschoßwohnung und vier Wohnungseinheiten dar. In der Ausformung der aufgereihten Wohnungen tritt ein kubisch-plastisches Gestalten auf rhythmischer Grundlage hervor, das mit dekorativen Details sehr sparsam umgeht. Sicherlich bleiben die Dachformen noch traditionell, sicherlich ist die pointierte Anordnung der Schornsteine englischen Vorbildern verpflichtet, aber im Verschieben identischer Bauvolumen im Raum und in der rhythmischen Behandlung der Einheiten meint man doch jene Kompositionsqualitäten zu erkennen, die sich sechs Jahre später im Scheveninger Vorschlag so entschieden äußern sollten. Dagegen bleibt das Volumen des Versammlungsgebäudes selbst ungegliedert; Oud versucht nur, durch Verputz statt Verklinkerung der ersten Etage eine gewisse Auflockerung zu erreichen.

In diesem 1911 errichteten Komplex sieht sich Oud auch zum ersten Mal mit dem Problem der Minimalwohnung (Arbeiterbehausung) konfrontiert. Wie löst er dies? Nach Durchqueren des schmalen Eingangsflurs befanden sich seitlich der Treppe zwei Räume, auf die sich zum Hof hin die hinausgeschobene Küche anschloß. Im Obergeschoß wurden zur Straße hin zwei schmale Schlafzimmer angeordnet. Die Spültoilette war offensichtlich noch zu luxuriös für Arbeiterwohnungen; das transportable ›Tonnensystem‹ befand sich unter der Treppe mitten im Haus. Oud bleibt hier in Bezug auf die Wohnqualität im konservativen Rahmen des damals Üblichen. Ein ausgeprägtes soziales Interesse, das sich aggressiv um Verbesserungen bemüht, ist nicht erkennbar.

4
Vooruit-Gebäude,
Straßenansicht.
Purmerend, 1911

5
Vooruit-Gebäude,
Rückansicht.
Purmerend, 1911

Das wohl 1911 entworfene, 1912 gebaute Haus in der Purmerender Julianastraat *(Abb. 7)*, der Grundstein mit Datum 19. 2. 1912 befindet sich im Eingangsbogen, verrät deutlich den Einfluß Berlages. Die präzise Steinführung, die an den Fenster- und Türecken auftretenden Kontrastmotive, der vorspringende Obergeschoßerker, die tief eingegrabenen Erdgeschoßfenster und der noch weiter zurückweichende Eingangsbogen zielen auf die Plastizität der Mauerfläche. Das preziöse Detail, das verselbständigte dekorative Motiv wird noch ganz unreflektiert in die Fassade eingebaut, die sich sonst vollendet in die Häuserwand der Julianastraat einfügt. Das Haus spiegelt, auch in seiner traditionellen Grundrißführung, die Lebenswelt einer honorigen Bürgerfamilie.

Im Gegensatz zu diesem Gebäude erscheint das Haus van Bakel in Heemstede aus dem Jahre 1914 *(Abb. 6)* überraschend puristisch und von großer Folgerichtigkeit in der Außen- und Innendurchbildung. Die Straßenfassade zeigt relativ strenge kubische Formen und kann, speziell mit Blick auf das brüske Zurücksetzen der rechten Obergeschoßpartie hinter eine Balkonzone, als weiter reduziertes Vooruit-Vokabular auf dem Weg zum Strandboulevard gelesen werden.

Die Rückseite beeindruckt durch das freie Spiel der Öffnungen in der Mauerfläche. Man möchte fast einen Einfluß Mondrians sehen, doch erreicht der Maler erst 1916/17 eine vergleichbare Abstraktion. Wenn irgendwo in Ouds Frühwerk das vom Architekten 1916 auch in einem Aufsatz theoretisch reflektierte Interesse am Kubismus – in Ouds spezifischem Verständnis – sichtbar ist, dann in dieser Rückseite[15]. Jede Plastizität ist vermieden, die Materialkontraste beschränken sich auf Glas, Backstein und gestrichene Holzelemente, alle Formen orientieren sich

23

am Rechteck oder Quadrat. Die Wand stellt sich im Grunde als Bildfläche dar, *in* der, und nicht mehr *auf* der, die funktional präzise motivierten Öffnungen in abstrakte Wechselbeziehungen zueinander treten. Visuell erscheint sie als verselbständigte Komposition.

Auch in den Grundrissen beider Geschosse läßt sich eine gewollte Konzentration auf rechteckige Lösungen erkennen. Oud scheint es um ein rationales Verhältnis von Grundriß und Fassade, von Innen und Außen zu gehen. In dieser Konzentration wurde das Problem vom Architekten bislang nicht aufgegriffen. In Anzahl und Größe der Zimmer, vor allem auch der Schlafräume, entspricht das Haus gehobenen Ansprüchen.

Neue Einflüsse werden in diesen Jahren deutlich. Die 1914 in Zusammenarbeit mit Dudok entstandene Arbeitersiedlung Dorpsbelang in Leiderdorp *(Abb. 8)* ist, wie vor allem die Vorstudien zeigen, ohne die Kenntnis der englischen ›Garden City‹ nicht denkbar. Hier sieht sich Oud zum ersten Mal mit dem Problemkreis des sozialen Wohnungsbaus in größeren Ausmaßen konfrontiert. Die Planungen

24

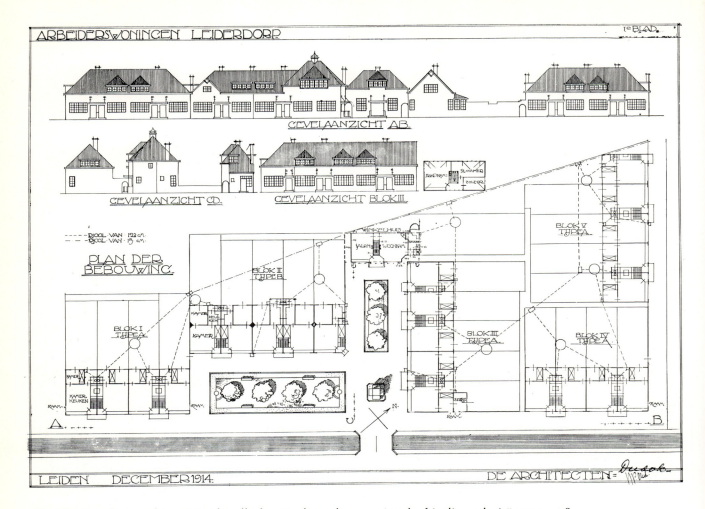

durchliefen drei recht unterschiedliche Stadien, bevor eine befriedigende Lösung erreicht wurde. Es ist instruktiv, Leiderdorp mit Ouds bekannter Siedlung aus dem Jahre 1922, Oud-Mathenesse, zu vergleichen, besonders da das Gelände recht ähnlich ist. Es ist offensichtlich, daß Leiderdorp nicht die stilistische Eleganz und das sparsame Vokabular von Oud-Mathenesse besitzt, von der nuancierten Farbgebung ganz zu schweigen. Auch zeigt der Bebauungsplan keinerlei Originalität; und doch weist die herrschende Horizontalität in den Fassadenaufrissen, der sorgsam abgewogene Wechsel von Tür- und Fensteröffnungen und die optisch befriedigende Anordnung der Schornsteine bereits auf Oud-Mathenesse. In Leiderdorp beschäftigt sich Oud übrigens zum letzten Mal mit der ›Garden City‹-Ideologie. Die diesen Planungsansatz auszeichnende Dualität zwischen Architektur und Natur hat den Baumeister später nicht mehr interessiert.

Vier Blöcke des Typs A, ein Block des Typs B und ein Verwalterhaus werden auf dem dreieckigen Gelände in einer Weise angeordnet, daß jeder Wohnung das traditionelle holländische Gärtchen auf der Rückseite des Hauses angefügt werden kann. In vier Blöcken sowie im Verwalterbau gelingt es, die Wohnräume mehr oder weniger nach Süden zu orientieren. Der Unterschied zwischen den Typen A und B sticht hervor. Von Wohnqualität kann im vorherrschenden Typ A kaum gesprochen werden. Es ist noch nicht einmal eine eigene Küche vorhanden, und das Leben der gewiß nicht kinderarmen Familien ist auf ein ca. 16 qm großes

8
Oud,
Willem Marinus Dudok,
Dorpsbelang-Siedlung,
Auf- und Grundrisse.
Leiderdorp, 1914

9
van Essen-Vincker-Haus.
Blaricum, 1915

Wohnzimmer konzentriert. Wieder übernimmt Oud die gesetzlich festgelegten Minimalforderungen für Arbeiterwohnungen, geht jedoch nicht über sie hinaus. Typ B ist schon angemessener durchgestaltet, er war wohl für Vorarbeiter gedacht, und der Verwalterbau überrascht dann durch einen Salon neben dem Wohn-Eßzimmer mit angeschlossener Küche. Die subtilen sozialen Unterschiede der Bewohner sind hier im Rahmen einer nach außen fast gleichförmigen und formal im Kleinsten sauber durchgearbeiteten Architektur durchaus nicht nivelliert. Wie schon im Vooruit-Gebäude geht es Oud nicht um eine dramatische Steigerung der Wohnqualität; der Akzent liegt auf der ordentlichen Durcharbeitung gesetzlicher Vorschriften.

In diesen Jahren finden sich auch ganz anders geartete Aspekte in Ouds Werk. Das Haus Gerrit Oud, 1912, das kleine Landhaus für van Essen-Vincker (Abb. 9) aus dem Jahre 1915 im prächtigen ›cottage style‹ und die Arbeiten für de Geus, 1916, verraten alle die sorgfältige Lektüre von Muthesius' Publikationen, denen Oud bereits 1913 eine Rezenison gewidmet hatte[16].

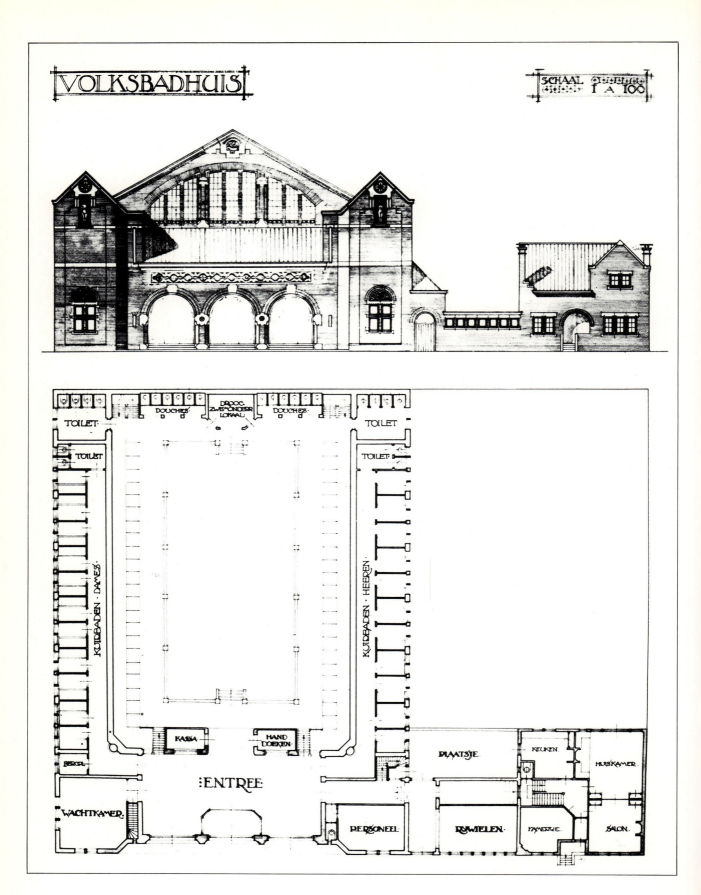

VOLKSBADHUIS

SCHAAL 1 A 100

TOILET
DOUCHES
DROOG ZWEMONDERR LOKAAL
DOUCHES
TOILET

TOILET

TOILET

KUIPBADEN · DAMES.

KUIPBADEN · HEEREN.

KASSA

HAND DOEKEN

PLAATSJE

KEUKEN.

HUISKAMER.

BERGPL.

ENTREE

WACHTKAMER.

PERSONEEL.

RIJWIELEN.

KAMERTJE.

SALON.

VOORGEVEL

Zwischen 1915 und 1917 beschäftigt sich Oud auch mit einer Reihe von monumental-repräsentativen Projekten, die als Wettbewerbsentwürfe entstanden. Ouds Vorschläge zeigen wenig persönliche Formensprache, er steht hier unter dem Einfluß führender holländischer Zeitgenossen. Der 1915 entworfene Soldatenklub erscheint als eine Synthese von Berlages und P. Kramers Vokabular; das Projekt für eine öffentliche Badeanstalt (Abb. 10) aus dem gleichen Jahr steht, wie oft bemerkt, in enger Beziehung zur Amsterdamer Börse, und Ouds Entwurf für ein Altersheim verdankt nicht wenig van der Meij und wiederum Berlage. In der gewollten Monumentalität, in der erstrebten Plastizität der Mauerfläche und im sorgfältig plazierten Detail offenbart sich Berlages Geist deutlich. Im Rückblick hat sich Oud nicht gescheut, diese Anregungen zuzugeben. Zusammen mit P. J. H. Cuijpers nahm er Berlage, van der Meij, P. Kramer und de Klerk als Vertreter der modernen holländischen Architektur vor 1918 in sein 1926 erschienenes Bauhausbuch auf.

Der Einfluß von Behrens, dem Oud bewundernd gegenüberstand, zeigt sich im Projekt für die Ambacht Schule (Abb. 11), wohl aus der ersten Hälfte des Jahres 1917. In der kühlen Gliederung der Fassade, in der symmetrischen Komposition und in der etwas trockenen Monumentalität spürt man diese Anregungen, die im gleichen Jahr noch einmal im Ferienhaus De Vonk wirksam werden sollten.

Inzwischen hatte Oud van Doesburg kennengelernt. Das in der Literatur umstrittene Datum des ersten Zusammentreffens läßt sich mit Hilfe eines in Paris aufbewahrten Briefes klären, den Oud auch in ›Mein Weg‹ in Zusammenhang mit einem ihn faszinierenden Vergleich zwischen Malerei und Photographie nennt[17].

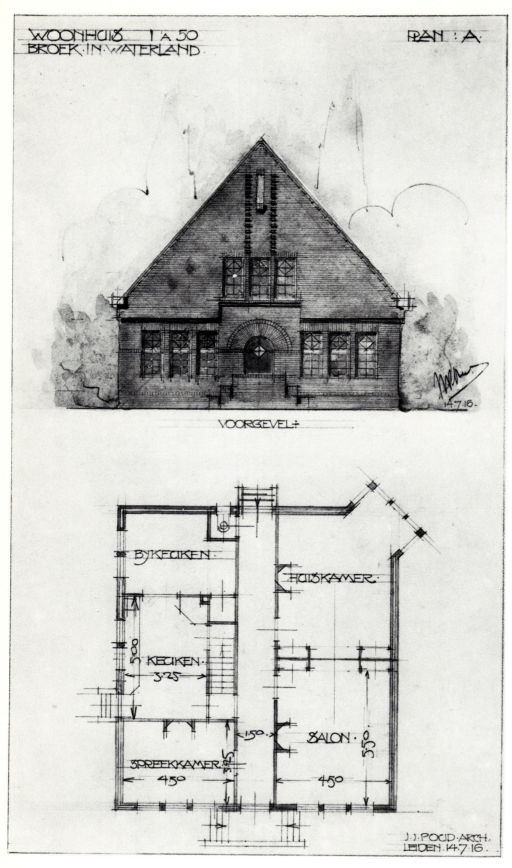

VOORGEVEL ꞏ

WOONHUIS · 1 A 50 · PLAN : A ·
BROEK · IN · WATERLAND ·

BJKEUKEN ·

HUISKAMER ·

KEUKEN ·
3·25

500

150

SALON ·
550

SPREEKKAMER ·
3·25
450

450

J. J. POUD · ARCH ·
LEIDEN · 14·7·16 ·

14·7·16 ·

Dieses Schreiben datiert vom 30.5.1916[18]. Oud bittet zunächst um eine Auskunft; er habe von Kamerlingh Onnes gehört, daß van Doesburg einen Verein für Moderne Kunst in Leiden gründen wolle. Dann geht der Architekt auf den Aufsatz in ›De beweging‹ ein, in dem der genannte Vergleich angestellt wird. Seiner Ansicht nach, so führt er aus, müsse sich die monumentale Malerei in ihrer Entwicklung über den Futurismus und Kubismus schließlich der Baukunst zuwenden. Er endet mit den Worten: ›Es scheint mir auch, daß die modernen Bestrebungen in Baukunst und Malerei auf ein gemeinsames Ziel hindeuten.‹ Hier, Ende Mai 1916, also mehr als ein Jahr vor der Gründung der De Stijl-Gruppe, äußerte Oud wesentliche Grundgedanken der späteren De Stijl-Ideologie, ohne van Doesburgs frühe Schriften zu kennen[19].

Dieser muß sofort die geistige Verwandtschaft gespürt haben. Er antwortete bereits am 1.6.1916 und weist in seinem Schreiben auf seine Veröffentlichungen seit 1912 hin, die in der Tat von überraschender Modernität waren und bereits einen Teil des De Stijl-Gedankengutes enthielten. Aus der Form der brieflichen Anreden ›Sehr geachte Heer, Hooch geachte Heer‹ und dem allgemeinen Tonfall der Korrespondenz darf man den Schluß ziehen, daß dieser Briefwechsel zwischen dem 30. Mai und 1. Juni 1916 den ersten Kontakt zwischen beiden Künstlern reflektiert[20]. Wichtig ist auch, daß Oud demnach im Juni 1916 mit van Doesburgs frühen Schriften vertraut war. Allerdings hatte der nun immer reger werdende Gedankenaustausch zunächst noch keine konkreten Folgen. Die bauliche Praxis war der ausgefeilten Theorie deutlich unterlegen, wie die Zusammenarbeit zwischen Oud und van Doesburg am Haus de Geus (Abb. 12) zeigt, dessen Pläne im Juli 1916 entstanden.

De Geus war Bürgermeister von Broek-in-Waterland. Entsprechend der gesellschaftlichen Stellung seines Auftraggebers entwickelt Oud seine Grundrisse, die in zwei sehr unterschiedlichen Varianten vorliegen. Die Abbildung stellt den unrealisierten, bislang unbekannten Vorschlag dar. In der ausgeführten Fassung betritt man nach der Eingangshalle einen langen Gang, der die Räume auf der rechten Seite, den Salon und das Wohn-Eßzimmer, vom Sprechzimmer und der angrenzenden Küche auf der linken Seite abtrennt. Am Ende des Ganges befindet sich van Doesburgs Glasfenster mit der Wappenfigur des Ortes, dem Schwan. Im Obergeschoß werden einige Räume zum ersten Mal in Ouds Werk mit ›Garderobe‹ und ›Kabinett‹ bezeichnet, ein Hinweis auf den gehobenen bürgerlichen Wohnkomfort, der dieses Haus charakterisiert.

Am 11. September 1916 berichtet van Doesburg, daß er eine Zeichnung für das Glasfenster fertiggestellt habe, und am 16. November des gleichen Jahres – Oud heißt in diesem Brief schon ›Beste Kerl‹ – übersendet er eine farbige Skizze. Wie Ouds Architektur bleibt auch das Schwanenfenster noch sehr konservativ[21].

Daneben stehen zwei Wohnungsprojekte aus dem Zeitraum 1916/17, in denen der Architekt beginnt, eigene Wege zu gehen. Sie stellen wichtige Etappen in Ouds Entwicklung vom Vooruit-Gebäude über das Haus van Bakel zur Scheveninger Häuserreihe im Sinne eines ständig exakter werdenden kubisch-plastischen Gestaltens und einer abstrakteren Flächenbehandlung dar. Das 1916 erbaute Mehrfamilienhaus in Velp (Abb. 13) faßt programmatisch alle Elemente von Ouds frühem Hausbau zusammen. Man meint beinahe, einen architektonischen Schwanengesang zu hören: Das im ersten Purmerender Bau verwendete T-Fenster wird kopiert, ein in seinem dritten Haus erprobtes Dachgeschoßfenster findet im Mitteltrakt wieder Verwendung, das Bogenmotiv wird zitiert und die puristisch anmutende Hofseite des van Bakel-Hauses bekleidet nun in symmetrischer Ausführung die Velper Seitenfronten. Die Ursprünge der Binnenkonturierung der Scheveninger Blöcke liegen übrigens in diesen streng gestalteten Seitenrissen. Die Bauvolumen werden wieder gegeneinander versetzt, und eine rhythmische Aufrißgliederung in den Hauptfassaden wird erneut deutlich. Oud spürte wohl, daß sich eine Zäsur in seiner architektonischen Entwicklung anbahnte.

In der zweiten Hälfte des Jahres 1916, van Doesburg war erst seit dem Frühsommer endgültig vom Wehrdienst an der belgischen Grenze freigestellt worden, kommt es zur Gründung des ›Leidsche Kunstclub De Sphinx‹, wie der Briefkopf der Vereinigung lautete. Die ›2. Soirée‹ fand am 15. Dezember 1916 in Leiden statt. Oud als Präsident und van Doesburg als geschäftsführender Sekretär versuchten, mit fortschrittlichen Kräften zusammenzuarbeiten. Jan Wils stieß zu ihnen, jedoch war der Vereinigung kein langes Leben gegönnt. Diese Aktivitäten spiegeln die innere Unruhe, den Drang nach neuen künstlerischen Bereichen wider, die Oud mit den Worten geschildert hat: ›Auf nächtlichen Spaziergängen rund um Leiden beredeten van Doesburg und ich bis ins Unendliche die Probleme von dem neuen Impuls und den neuen Strömungen in der Kunst ... Nach und nach regte sich nun das Verlangen, selber eine Zeitschrift zu besitzen, die dem Wachsen der neuen Kunst gewidmet sein sollte, und wir faßten in dieser Richtung ernsthafte Pläne.‹[22]

Erste Anzeichen für Ouds Neuorientierung werden in einem Projekt für Velp sichtbar, das leider nicht datiert ist (Abb. 14). Aus stilistischen Gründen muß es jedoch zwischen dem de Geus-Haus, Juli 1916, und dem Strandboulevardprojekt, spätestens Juli 1917, entworfen worden sein. Man möchte den Vorschlag in Zusammenhang mit den ›De Sphinx‹-Bemühungen sehen. In diese Zeit fällt auch Ouds Aufsatz ›Over cubisme, futurisme, moderne bouwkunst enz.‹, dessen zentrale Gedanken im Velper Entwurf recht zurückhaltend und zögernd erprobt werden. Jedoch beginnt sich der Abstand zwischen Theorie und Entwurf zu verringern.

Das Velper Projekt geht deutlich über das dortige Mehrfamilienhaus hinaus, erreicht aber noch nicht die konsequente Strenge der Häuserreihe. Noch sind ornamentale Reste vorhanden, noch wird der Rundbogen toleriert. Anderseits ist jetzt ein aktiveres Arbeiten mit präziseren Blockeinheiten erkennbar, das sich über mehrere Raumzonen erstreckt. Das rhythmisch strukturierte Werk kann schon als serielles Bauen verstanden werden, das nicht mehr zwingend begrenzt ist. Der Entwurf weist auf radikale Veränderungen in Ouds architektonischem Wollen hin.

So markieren denn der Velper Vorschlag auf der Ebene des Hausbaus (Ende 1916, Anfang 1917?) und das Projekt für die Ambacht-Schule 1917 (erste Hälfte?) als Beispiele der Prestigeentwürfe die Endphase von Ouds Frühwerk. Es ist zweckmäßig, diese beiden Kategorien streng auseinanderzuhalten, weisen sie doch auch im späteren Werk des Architekten sehr unterschiedliche formale, emotionale und soziale Möglichkeiten auf.

Wann kann also präzis vom Abschluß des Frühwerks Ouds gesprochen werden? Es ist kaum verwunderlich, daß man nicht an einen exakten Zeitpunkt, sondern an einen komplexen und manchmal in sich widersprüchlichen Entwicklungsprozeß

13
Mehrfamilienhaus.
Velp, 1916

14
Apartments für Velp,
Projekt. 1916/17

zwischen Sommer 1916 und Sommer 1917 denken muß. Spätestens Anfang Juli 1917 stellt Oud die Pläne für das Scheveninger Strandboulevardprojekt fertig und schließt das Manuskript für seinen ersten bedeutenden Aufsatz ab. Der Architekt öffnet damit die Tür zu seinen nun ganz anders gearteten De Stijl-Jahren.

Die De Stijl-Jahre
1917–1921

›Das moderne Straßenbild wird daher in scharfem Kontrast zum alten Straßenbild stehen, in dem die Häuser willkürlich zusammengefügt blieben. Es wird von Wohnblöcken beherrscht werden, in denen die Häuser sich in einem rhythmischen Spiel von Fläche und Volumen ordnen. Die wichtigste Aufgabe des modernen Architekten ist daher der Wohnblock.‹
J. J. P. Oud, ›Das monumentale Stadtbild‹, 1917

›Durch ihre Gestaltungsmittel ist die Architektur eine ästhetische und mathematische Erscheinung, also bestimmt und mehr oder weniger abstrakt ... Der Massenbau ist dem Einzelbau vorzuziehen. Im ersteren ist das Besondere schon durch die aus sich selbst gestaltende Komposition unterdrückt.‹
P. Mondrian, ›Die neue Gestaltung‹, 1920

›Résumé: Ein vorsichtiger Mensch und ein Waghals können eben nicht zusammenleben, ohne zu streiten .. Allein .. enttäuscht.‹
T. van Doesburg an Oud, Dezember 1921[23]

Im Sommer 1917 kommt es zum Zusammenschluß der De Stijl-Gruppe. Neben Theo van Doesburg gehören die Maler Piet Mondriaan (seit 1919 Mondrian) und Vilmos Huszár, der Dichter Antony Kok und Oud zu den Gründungsmitgliedern. Jaffé hat die spezifischen Einzelheiten der Gruppenbildung und die Beiträge der individuellen Künstler angemessen geschildert[24], die unter einem anspruchsvollen Motto antraten: ›Es gibt ein altes und ein neues Zeitbewußtsein. Das alte richtet sich auf das Individuelle, das neue auf das Universelle. Der Streit des Individuellen gegen das Universelle zeigt sich sowohl in dem Weltkrieg wie in der heutigen Kunst.‹[25] Diese dem ersten, 1918 veröffentlichten Manifest der Gruppe entnommenen prächtigen Sätze sind wie auch alle späteren Manifeste von Oud nicht unterzeichnet worden. Banham sieht wohl richtig, wenn er Oud als einen sehr vorsichtigen Mann charakterisiert, der unter dem Verantwortungsbewußtsein seines Rotterdamer Amtes stand und sich radikalen Positionen öffentlich nicht anschließen wollte[26].
Es ist nicht ganz zutreffend, daß die Prinzipien der De Stijl-Ideologie zuerst von den Malern der Gruppe formuliert und realisiert wurden, wie wiederholt behauptet wurde. Die Kontakte zwischen den Künstlern führten im Gegenteil in den Monaten unmittelbar vor und nach der Gruppenbildung auf den Gebieten der Malerei, Architektur und des Möbeldesigns zu Ergebnissen, die einen völlig gleichartigen Abstraktionsgrad zeigen. So entspricht etwa das Velper Projekt in seiner dualistischen Formenwelt der stilistischen Ambivalenz der ›Kartenspieler‹ van Doesburgs (1916/17) oder van der Lecks ›Sturm‹ (1916). Die Scheveninger Häuserreihe aus dem Frühsommer 1917 ist mühelos mit Mondrians, van der Lecks oder Huszárs Kompositionen oder auch mit Rietvelds frühen Arbeiten aus dem gleichen Zeitraum vergleichbar. Malerei, Architektur und Design zeigen eine sehr ähnliche Verwendung von geometrisch-abstrakten Formen, spiegeln denselben intensiven Drang nach neuen Horizonten wider.
Im ersten De Stijl-Heft (Oktober 1917) publiziert Oud ein Projekt, das als ›Häuserreihe an einem Strandboulevard‹ bezeichnet ist. Der Entwurf machte den Architekten über Nacht international bekannt. Im gleichen Heft erscheint sein kurzer Aufsatz ›Das monumentale Stadtbild‹, der in Verbindung mit den zwei Nummern

später veröffentlichten Betrachtungen ›Kunst und Maschine‹ gelesen werden sollte[27]. Sowohl der Entwurf als auch die vorgetragenen theoretischen Positionen etablieren Oud im Juli 1917 als den jungen, radikalen Führer der De Stijl-Architektur. Hier erreicht der Baumeister auch zum ersten Mal eine überzeugende Konvergenz von Theorie und Entwurf.

›Das monumentale Stadtbild‹ ist mit ›Leiden, 9. Juli 1917‹ unterzeichnet und wohl in jenen Tagen an van Doesburg, den Herausgeber der De Stijl-Hefte, abgeliefert worden. Da Ouds Ausführungen deutlich mit Blick auf seinen Entwurf formuliert sind, darf man die Fertigstellung der Pläne spätestens zu dieser Zeit vermuten.

In Ouds Nachlaß finden sich zwei, vielleicht drei Vorstudien, die die Entwicklung des Projekts verdeutlichen, das am Scheveninger Strandboulevard realisiert werden sollte. Es kann jedoch kein Zweifel bestehen, daß es weitere Vorstudien auf dem mühsamen Weg zu der angemessenen Lösung gegeben hat. Viel wäre für ein detailliertes Verständnis von Ouds Entwicklung in der kritischen Phase zwischen Ende 1916 (Gründung von ›De Sphinx‹, intensive Diskussionen mit van Doesburg, wohl auch Velper Projekt) und Frühsommer 1917 (Gründung des De Stijl, Fertigstellung des Strandboulevards) gewonnen, wenn sich diese Vorstudien auffinden ließen[28]. Auch scheint in dieser Zeit ein für Oud sehr uncharakteristischer Mangel an architektonischer Produktion vorzuliegen; man sieht nicht so recht, was er sechs oder sieben Monate lang getan hat. Zumindest dürfte man Skizzen erwarten, in denen Oud versuchsweise die ihn beschäftigenden Probleme untersucht, wie es die Gewohnheit des Baumeisters war. Diese etwas seltsame künstlerische Passivität in Zeiten höchster intellektueller Anspannung und Erregung — man denke an die erwähnten nächtelangen Spaziergänge mit van Doesburg in Leiden oder an die Diskussionen mit Wils und Kamerlingh Onnes im Zusammenhang mit ›De Sphinx‹ — bedarf noch weiterer Untersuchung. Vielleicht kann der Nachlaß van Doesburgs, der schon seit mehreren Jahren aus zollrechtlichen Gründen in einem französischen Lagerhaus festliegt, zur Klärung dieses Problems beitragen.

Eine der erhaltenen Vorstudien ist eine Bleistiftskizze, die aus einem 1916/17 erworbenen Skizzen- und Notizbuch stammt. Die Etagen springen in dem umriß-haft gehaltenen Block zurück und sind deutlich von vorgezogenen Kuben abgehoben. Hier könnte der erste Versuch für den Scheveninger Vorschlag vorliegen, der noch ganz monumental und unstrukturiert ausfällt[29]. Eine weitere Skizze fand sich zusammen mit mehreren Entwürfen, die alle aus dem Zeitraum um 1918 datierten (Abb. 15). Darf dieser hastig hingeworfene, aber sehr modern wirkende Einfall als

16
Häuserreihe am Meer,
Projekt,
Zwischenstufe.
Scheveningen, 1917

Alternativstudie zur publizierten Fassung gewertet werden? Es scheint, daß Oud hier zum ersten Mal an eine Verwendung des in den ersten Spangener Blöcken von 1918 auftretenden schwarzen Sockelbandes in der dreieckförmigen Wand der Skizze denkt. Dies würde eine Datierung in das Jahr 1917 wahrscheinlich machen. Schließlich kann man auf eine in schwarzer Tinte ausgeführte Zeichnung *(Abb. 16)* zurückgreifen, welche die im ersten De Stijl-Heft publizierte Vorstufe zeigt. Im Vergleich zum Modell der Endfassung *(Abb. 19)* ist lediglich die Binnen-konturierung der Fenster variiert, die in der Skizze eine stärkere Betonung der Vertikalen bewirkt.

Worum ging es in diesem überraschenden Entwurf? Zunächst wird dem Problem des Wohnblocks als wichtigste Aufgabe des modernen Architekten Rechnung getragen, so wie Oud es in dem diesem Kapitel vorangestellten Zitat betont. Der Entwurf ist vollständig durchgearbeitet, die ehemals individuelle Hausfassade wird zugunsten der uniformen Blockgestaltung geopfert, der vormals nach persönlichen Bedürfnissen geordnete Grundriß weicht nun dem gleichförmigen Standard. Die radikale De Stijl-Ideologie, der es auf eine Überwindung des Individuellen zugunsten des Universellen ankam, spricht sich deutlich aus[30]. Muthesius' berühmter Vortrag auf der Kölner Werkbundtagung und die sich daran anschließende erbitterte Kontroverse werden Oud und van Doesburg sehr interessiert haben.

Weiter galt es, eine überpersönliche Formensprache auch für die Detaillierung des Blocks zu finden. Dies wird durch konsequente Abstraktion erreicht, die Oud 1917 auch theoretisch rechtfertigt. Im Rückblick schreibt er 1927: ›Das Ergebnis:

1927 ←——→ 1917

17
Villa Allegonda,
Katwijk aan Zee.
Umbau 1917,
erweitert
mit Kamerlingh Onnes
1927

18
Villa Allegonda.
Katwijk aan Zee,
1917, 1927

1917 ←——→ 1927

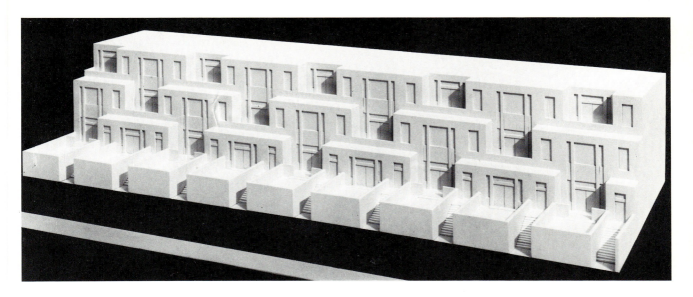

19
Häuserreihe am Meer,
Projekt,
Modell der Endfassung.
Scheveningen, 1917

kubistische Häuser, interessant nur durch das Bemühen um reine Architektur, ausgewogene Proportionen, gerade Linien, verdichtete Formen; vom Ästhetischen her betrachtet, im ganzen ein gut konstruierter architektonischer Komplex voll innerer Vitalität, die der vorhergehenden Architektur völlig fehlte.‹[31]

Es fällt auf, daß es dem Architekten ausschließlich um formale Probleme, um das Ästhetische, wie er sich ausdrückt, geht. Blickt man zum Beispiel auf die Grundrisse, so sind diese zwar mit großer Stringenz entwickelt, hätten aber nur einen sehr spartanischen Lebensstil erlaubt. Auch ist die Beziehung der Häuserreihe zur bestehenden Umgebung oder zur Verkehrssituation nicht ersichtlich; das Bedeutsame war eben die meisterhafte Formgebung, wie so oft in Ouds reifem Werk. Dieses alles überragende Streben nach Klarheit und rhythmischer Vitalität arbeitet hier noch im wesentlichen mit der Reduktion (= Abstraktion) aller gestalterischen Mittel. ›Die Kunst versucht durch Reduktion (Abstrahieren) zur Sachlichkeit zu gelangen‹, formulierte Oud im Dezember 1917[32]. Dieser reduktive Prozeß ist wieder im Sinn der De Stijl-Prinzipien als Objektivierung aller Bauelemente zu verstehen.

Es lag in diesem Zusammenhang nahe, die Rolle der Maschine im Rahmen der zukünftigen Kunstproduktion zu analysieren. Oud stützte sich dabei unter anderem auf die Schriften van de Veldes, Wrights und der Futuristen, wie seine De Stijl-Aufsätze belegen. Sechs Monate nach der Publikation seines Strandboulevardprojekts veröffentlichte der Architekt den Beitrag ›Kunst und Maschine‹. Kaum überraschend wird die ambivalente Haltung von Ruskin und Morris getadelt, werden die Überzeugungen eines Wright oder Severini gepriesen. ›Zusammenfassend gelangen wir zu dem Schluß, der allerdings der Zukunft angehört‹, schreibt der Baumeister, ›.. daß das Kunstwerk auf maschinellem Wege, doch mit völlig neuen Materialien erzeugt werden wird, wobei das Einzelwerk, wie wir es kennen, hinfällig wird.‹[33] Der Architekt erreicht in diesen 1917 geschriebenen Sätzen seine extremste theoretische Position. Ein Vergleich der Haltung Ouds mit den Äußerungen der Bauhausmeister bis etwa 1922 zeigt die historische Führung des jungen De Stijl-Architekten.

Man wird die große Leistung des Scheveninger Vorschlags, der in seiner überindi-

viduellen und maschinellen Präzision auch als bewußter Kontrast zu den Extravaganzen der Amsterdamer Schule zu lesen ist, gewiß nicht schmälern, wenn man an das von Adolf Loos im Jahre 1912 erbaute Haus Scheu in Wien und an die Entwürfe Sant' Elias erinnert. Überhaupt ist eine fruchtbare Synthese von futuristischen und kubistischen Anregungen als ideologische Grundlage für diesen Entwurf anzusetzen[34]. Oud war sehr genau über die führenden Tendenzen in Deutschland, Italien, Frankreich und Österreich informiert.

Das Strandboulevardprojekt hat auch für die folgenden Jahre nachweisbare Konsequenzen. Eine 1918 entstandene Studie für eine Wohnblockfassade (Abb. 20) arbeitet erneut mit einfachen geometrischen Einheiten, die übereinandergetürmt im Raum vor- und zurückspringen. Der Entwurf, durch seine rhythmischen Qualitäten besonders charakterisiert, ist wieder als serielle Architektur zu verstehen. Oud versucht hier, die in den Velper und Scheveninger Vorschlägen erarbeitete reduktiv-abstrakte Stilstufe auf die ganz anders geartete Bedingungen des sozialen Wohnungsbaus anzuwenden. Die plastische Dynamik dieser Studie hat der Architekt in seinen 1918 bis 1920 errichteten Blöcken in den Rotterdamer Randgebieten nie erreicht. Ideen dieser Art waren Ouds Vorgesetzten dann doch zu gewagt und wohl auch zu teuer.

Im Sommer 1917, etwa gleichzeitig mit den Entwurfsarbeiten zum Strandboulevard, beginnt Oud in Zusammenarbeit mit Kamerlingh Onnes die Villa Allegonda in Katwijk aan Zee (Abb. 17, 18) umzubauen. Die Villa liegt am Ende der Strandpromenade und erlaubt einen herrlichen Blick über Meer und typische Dünenlandschaft: Es scheint festzustehen, daß Kamerlingh Onnes wohl mündliche Anregungen und auch einige Ideenskizzen geliefert hat, jedoch sind die fertigen Pläne unzweifelhaft von Oud ausgeführt.

Das Loggiamotiv taucht wiederholt auf, die Fenster werden in freien Proportionen in die massiven Wände eingegraben, und die Aufrisse zeichnen sich durch große Strenge und Präzision aus. Keine ornamentalen Reste stören mehr das asymmetrische Spiel der Öffnungen in der Fläche noch den Kontrast zwischen fast brutalen Kuben und negativen Raumzonen in den Loggien. Die Orientierung der Haupträume erlaubt, die landschaftlichen Schönheiten maximal zur Geltung zu bringen.

1927 wurde der Bau erweitert, ist aber heute leider völlig geschmacklos als Touristenhotel verbaut. Hier läge eine wichtige Aufgabe für die Stadt Katwijk aan Zee, ein wichtiges Zeugnis des frühen modernen Bauens in seinen ursprünglichen Zustand zurückzuführen.

Hitchcock sah eine ›impressionistische Sentimentalität des Äußeren, die an die Sahara denken läßt‹[35], doch schrieb er dies dem Einfluß Kamerlingh Onnes zu, der eine Nordafrikareise unternommen hatte. Er akzeptierte auch nicht ein von van Doesburg entworfenes Fenster, das in der Tat kaum der puristischen Architektur entsprach. Dagegen sieht Johnson wohl tiefer, wenn er im Rahmen der Vorbereitungen der New Yorker Ausstellung 1930 an Oud schreibt: ›Sie [die Villa] sollte zwei Dinge zeigen. Die Geburt und Entwicklung der modernen Ästhetik und den besten Umbau. . . Daher datiert es auch so früh. Es ist das einzige Gebäude, das wir vor 1925 zu zeigen beabsichtigen.‹[36] Johnson verstand die große historische Bedeutung der Villa Allegonda als wichtigen Vorläufer des Funktionalismus der zwanziger Jahre. In ihrer asymmetrischen, aber streng geometrischen Ausformung und ihren freien Grundrissen steht sie im Jahre 1917 ohne vergleichbares Beispiel da.

Ouds Berichterstattung in ›Mein Weg‹ setzt interessanterweise erst mit Reflexionen über das Ferienhaus De Vonk in Noordwijkerhout (Abb. 21, 22) ein, das in enger Beratung mit van Doesburg entsteht. De Vonk stellt das erste Beispiel einer bewußten Zusammenarbeit unter dem Banner der De Stijl-Ideologie dar. Die Pläne sind mit ›Sept. 1917‹ unterzeichnet, datieren also aus der Zeit nach der Gruppengründung und nach dem Scheveninger Entwurf. Das Gebäude, nur wenige Kilometer hinter den Nordseedünen gelegen, sollte vorwiegend jungen Arbeiterinnen aus Leiden als Erholungsort dienen. Es war von Emilie Knappert, der Gründerin dieser Bewegung, in Auftrag gegeben worden. Jane Beckett schreibt mit Recht, daß dieses Projekt ›der erste Auftrag war, der Möglichkeiten für die sozialutopische Ästhetik der De Stijl-Zeitschrift bot‹.[37] Diese Möglichkeiten finden sich innerhalb der Zusammenarbeit zwischen Oud und van Doesburg nur zweimal: in Noordwijkerhout und 1919 und 1921 in der Siedlung Spangen. Die Experimente sollten mit völlig verschiedenen Resultaten beeindrucken. 1917 reflektieren sie noch den gemeinsamen optimistischen Drang nach neuen Horizonten, 1921 enden sie in einem tiefen Zerwürfnis, das Oud zum Verlassen der Gruppe bewegte.

Allerdings ist das Thema sozial-utopische Ästhetik mit großer Vorsicht zu behandeln. Zwar ist dieser Aspekt ein durchaus genuines De Stijl-Anliegen, auch gibt es Äußerungen fast aller Mitglieder in dieser Richtung, jedoch dürfen sie nicht überbewertet werden. Es kann keinem Zweifel unterliegen, daß die ästhetischen Fragen, selbst bei der Zusammenarbeit von Oud, Rietveld und van Doesburg in der Arbeitersiedlung Spangen, stets vor den gesellschaftlichen Problemen rangierten. Dies mag man aus heutiger Sicht verwerflich finden, es spiegelt aber den objektiven Sachverhalt wider. Van Doesburgs Beschreibung des Gebäudes und Ouds Erinnerungen erwähnen denn auch diese Idee kaum. Ein zentrales Anliegen der jungen De Stijl-Ideologie stand im Mittelpunkt: die neuen Beziehungen zwischen Architektur und Malerei. Es gab dem Projekt, auch mit Blick auf die Ereignisse in Rußland, einen pseudo-intellektuellen Reiz, daß diese Versuche in einem für Arbeiterinnen bestimmten Ambiente ausgeführt wurden; man war sozusagen auf

21
Oud,
Theo van Doesburg,
Ferienhaus De Vonk,
Vorderansicht.
Noordwijkerhout, 1917

22
Oud,
Theo van Deosburg,
Ferienhaus De Vonk,
Blick in die Halle.
Noordwijkerhout, 1917

der Höhe der Zeitproblematik. Aber ein Entwurf für ein Heim für bürgerliche Mädchen hätte sicherlich die gleichen Resultate erbracht.

In De Vonk verwirklichte sich die frühe De Stijl-These: wohl Zusammenarbeit von Architekt und Maler, aber bei strengster Trennung ihrer Aufgaben. Neben Mondrian hat sich dazu auch van der Leck geäußert; er dachte dabei vorwiegend an Oud. Der Maler begründet die strikte Arbeitsteilung wie folgt: ›Bauen ist seinem Wesen nach etwas ganz anderes als die Malerei, es steht in einem ganz anderen Verhältnis zum Unendlichen.‹[38] Van Doesburg unterstützte diese Ansicht mit einer neuen Begründung: ›Die Baukunst schafft konstruktive, also geschlossene Plastik. In dieser Hinsicht steht sie der Malerei neutral gegenüber, die durch flächige Farbgestaltung offene Plastik schafft. Darin steht die Malerei der Baukunst neutral gegenüber. Die Baukunst fügt aneinander, bindet. Die Malerei löst auf, entbindet. Gerade dadurch, daß die beiden Künste verschiedene Funktionen zu erfüllen haben, ist ein harmonisches Zusammengehen möglich. Harmonisches Zusammengehen entsteht nicht durch charakteristische Gleichheit, sondern gerade durch charakteristische Gegensätzlichkeit.‹[39] Es ist deutlich, daß De Vonk im Sinne dieser Harmonie charakteristischer Gegensätzlichkeiten zu verstehen ist.

Der Bau überrascht durch sein, gemessen am Strandboulevardprojekt *(Abb. 15, 16, 19)*, konservatives Vokabular. Hier zeichnet sich geradezu ein Gesetz für Ouds Schaffen während seiner De Stijl-Jahre ab: seine nicht ausgeführten Projekte sind weit gewagter und progressiver als die realisierten Bauten. Van Doesburgs farbige Steinmosaiken in der Eingangszone sowie die Gestaltung der Fensterläden, Fenster- und Türrahmen und der Holzgesimse *(Abb. 21)* schaffen zwar den gewünschten Kontrast zur Backsteinarchitektur, aber dieser Kontrast ist optisch noch nicht ausreichend, um die ersehnte Harmonie auf der Grundlage gleichgewichtiger Gegensätze zu erzielen. Die Architektur überwiegt optisch und ist noch Berlage und Behrens verpflichtet.

Im Erdgeschoß befinden sich die Unterrichtsräume und der Speisesaal, in den Obergeschossen die Schlafräume. Der Haupteingang führt auf eine breite Treppe, die zur zentralen Wohnung des ersten Stocks aufsteigt, dem Apartment von Emilie Knappert. Die Halle mit Sitzbank deutet im Innern, der breit gelagerte Balkon am Äußeren die Bedeutung dieser Zimmerflucht an. In der Halle findet sich der künstlerisch interessanteste Aspekt von De Vonk.

Bewußt wird erstmalig der Versuch einer *räumlichen* Farbkombination gewagt; durch die farblich unterschiedliche Behandlung von Wänden, Türrahmen und Türen sollte das Geschlossene eines architektonischen Raumes optisch, van Doesburg würde sagen, ästhetisch, aufgehoben werden. Besondere Beachtung wurde dabei dem Fußboden als der ›geschlossenste(n) Oberfläche eines Hauses‹ zuteil. Das Experiment überzeugt weit mehr als der Aufbau und ist zu diesem Zeitpunkt nur noch mit den zu Unrecht vernachlässigten Farb-Raumkompositionen von Huszár zu vergleichen[40]. Man wüßte in diesem Zusammenhang gern mehr über die Kontakte zwischen den drei Künstlern in der zweiten Hälfte des Jahres 1917.

Neben der Halle ist das Treppenhaus selbst für Ouds Entwicklung von Bedeutung. Das bereits in der Villa Allegonda verwendete ornamentale Vokabular wird fortgesetzt, wie Abb. 17 erahnen läßt. Die vorgestellte kubisch-rhythmische Klarheit in den durchbrochenen Wänden, Seitenbänken und aufstrebenden Stufen des Treppenhauses – van Doesburg spricht hier vom ›plastischen Rhythmus der Architektur‹ – stehen in enger formaler Verwandtschaft zum Scheveninger Entwurf wie auch zu van Doesburgs farbigem Kachelboden[41].

Oud und van Doesburg verstanden De Vonk als den Beginn eines Weges, der zum totalen Kunstwerk universeller (= überindividueller) Prägung führen würde mit dem Ziel, ›den Menschen nicht mehr der bildenden Kunst gegenüberzustellen, sondern ihn in sie hineinzustellen und ihn hierdurch an ihr teilnehmen zu lassen‹[42].

Den gleichen Drang nach kubischer Kompaktheit findet man auch in dem Vorschlag für ein Doppelhaus, der 1918 entstand *(Abb. 23)*. Das für jeweils zwei Arbeiterfamilien gedachte Normenhaus sollte ganz aus Beton gegossen werden und ist eine der ersten Arbeiten Ouds in seiner neuen Funktion als Rotterdamer Stadtbaumeister. In der herrschenden Horizontalität bemerkt man den Einfluß Frank Lloyd Wrights und Robert van't Hoffs, ohne daß es Oud gelingt, wie oft bemerkt wurde, den Qualitätsgrad dieser Architekten zu erreichen. Hitchcock spricht schlicht von einem ›langweiligen Projekt‹[43]. Diese Kritik ist nicht völlig gerechtfertigt, denn es handelt sich ja um Minimalwohnungen, um das Problem eines Standards, der strengsten gesetzlichen und auch finanziellen Vorschriften unterlag und dennoch menschenwürdig und ansprechend sein sollte. Im Vergleich zu Ouds früheren Bauten auf diesem Gebiet liegt hier eine bemerkenswerte Verbesserung in bezug auf Grundrißführung, Beleuchtung der einzelnen Zimmer, Hygiene, Überwindung des typischen Mietblocks und damit Sicherung einer Privatsphäre vor. Das Projekt wurde dann auch als zu ›luxuriös‹ abgelehnt.

Die Entwicklung der Formenwelt der bislang besprochenen Werke Ouds seit Sommer 1917 kann als eine Art künstlerische Katharsis gewertet werden, die den Architekten zu kubischer Strenge, Ornamentlosigkeit und Ausgewogenheit der Proportionen führte. Diese Besinnung auf einfache und präzise Grundelemente erbrachte jedoch noch kein eigenes, positives Vokabular, das unverkennbar als Ouds künstlerische Handschrift gelten konnte. Man spürt aber, daß der Baumeister 1918 nach Bestätigung seiner Position auch nach neuen Anregungen suchte, die seiner Entwicklung förderlich sein konnten. Dabei nähert er sich vorübergehend Frank Lloyd Wright, auf den er zuerst durch Berlage, später erneut durch van't Hoff hingewiesen wurde[44].

In einer bemerkenswerten Analyse des Robie-Hauses, die Oud im Jahrgang 1918/19 von ›De Stijl‹ publizierte, heißt es: ›Wright hat die Grundlagen für eine neue Plastizität in der Architektur gelegt. Die Massen schießen in alle Richtungen, vorwärts, rückwärts, nach rechts, nach links .. Auf diese Weise wird sich die moderne Architektur zunehmend in einen Prozeß der Reduktion auf positive Proportionen hin entwickeln, vergleichbar mit der modernen Malerei.‹[45] Oud zeigt sich hier vor allem von einem Aspekt im Werk Wrights beeindruckt: der allseitigen, komplex gestalteten Plastizität, die in der Tat bislang im Schaffen Ouds fehlte. Diesem Problem wird der Architekt im zweiten Meisterwerk seiner De Stijl-Jahre, dem Purmerender Fabrikprojekt, nachgehen.

Die Genese des berühmten Vorschlags, im Märzheft 1920 von ›De Stijl‹ publiziert, von Oud mit ›1919‹ datiert, bedarf weiterer Forschung[46]. Der Architekt berichtet in ›Mein Weg‹ schlicht: ›Im Jahre 1919 machte ich den Versuch, in einem Fabrikentwurf dreidimensional das zu erreichen, was Mondrian zweidimensional in seiner Malerei verwirklichte. Den Gegensatz von Linien und Farb-

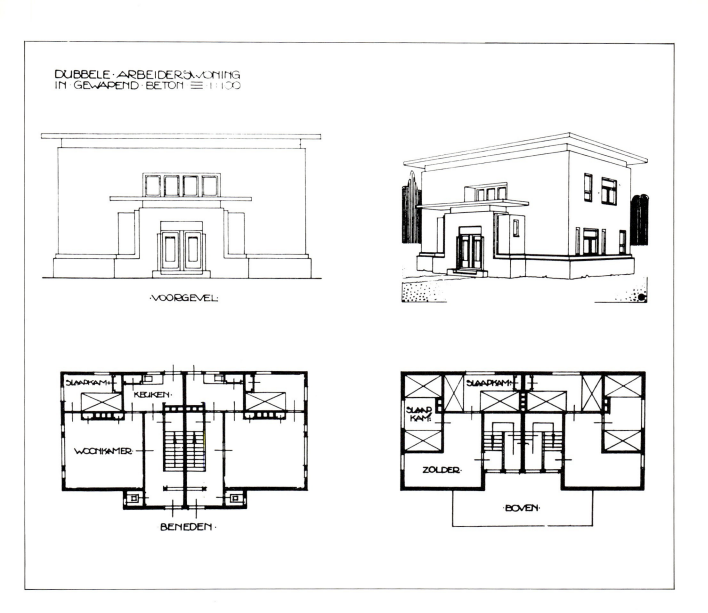

DUBBELE·ARBEIDERSWONING
IN·GEWAPEND·BETON = 1:100

·VOORGEVEL·

·BENEDEN·

·BOVEN·

23
Genormte
Arbeiterhäuser
aus Beton,
Projekt. 1918

flächen übersetzte ich von den Bildern in die Architektur dadurch, daß ich Offenes gegen Geschlossenes stellte, Glas gegen Wand.‹[47]

Tatsächlich ist dieser Entwurf weit mehr als eine bloße Übersetzung bildnerischer Mittel in architektonische Dimensionen. Er stellt eine ungewöhnlich komplexe Synthese von Einflüssen, weiterentwickeltem Strandboulevardvokabular und Anregungen aus Malerei, Plastik und Design dar. Sehr kritisch hat sich Hitchcock zu diesem Projekt geäußert. Er sah nur ›das verwobene Spiel von ziemlich bedeutungslosen horizontalen und vertikalen Massen‹, das sich dem amerikanischen Architekturhistoriker als ein ›Experiment mit nicht vollständig verdauter kubistischer Baukunst‹[48] darstellte. Diese etwas oberflächliche Sicht überrascht, denn Hitchcock war ein gern gesehener Gast in Kijkduin und besaß alle Möglichkeiten, sich bei Oud genauer zu informieren. Dagegen hat Jaffé wohl die schmeichelhaftesten Beurteilungen abgegeben, wenn er meinte: ›Keineswegs darf dieser Entwurf als eine mechanische, rein auf das Formale beschränkte Übertragung betrachtet werden, vielmehr werden die Prinzipien der bildnerischen Sprache .. hier ange-

45

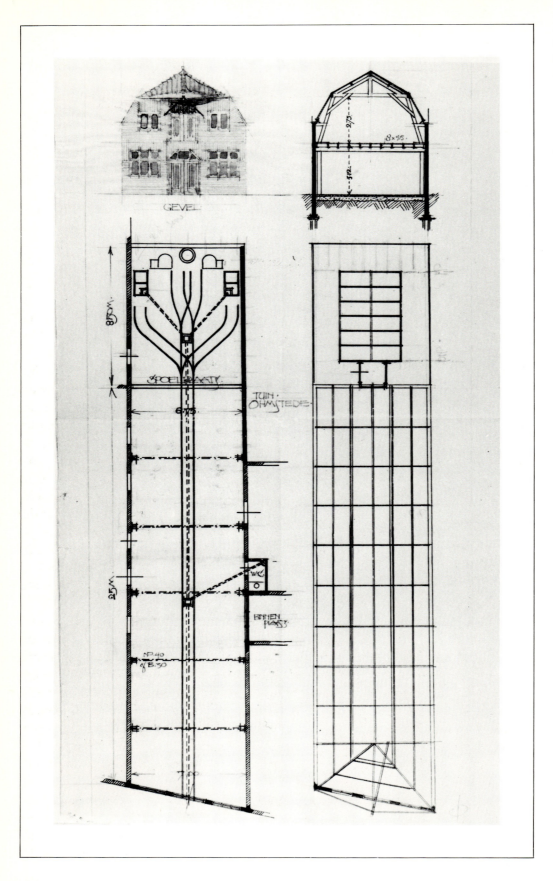

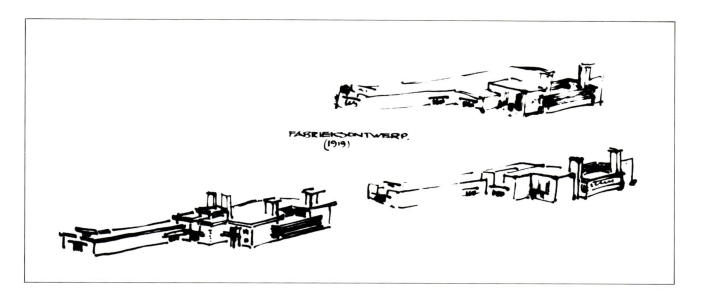

FABRIEKSONTWERP.
(1919)

25
Oud-Fabrik,
zweites Projekt,
erste Skizzen.
Purmerend, 1919

wandt im Zusammenhang und im Sinne der Architektur.‹[49] Dazwischen liegen die abgewogenen, aber oft detailarmen Bemerkungen von Banham, Joedicke, Wiekart, Veronesi und Fischer vor[50].

Die Anfänge des Projekts lassen sich in die Jahre 1915/16 zurückverfolgen *(Abb. 24)*. Aus diesem Zeitraum hat sich ein durchgearbeiteter Entwurf erhalten, der als ›Pakhuis met Spoelplaats‹ betitelt ist. Die völlig symmetrische Fassade und der detaillierte Formenreichtum lehnen sich noch eng an das örtliche Bauvokabular an. Nach Aussagen von Familienmitgliedern wird das vorgesehene Grundstück zwischen 1915 und 1919 erworben, und Oud beginnt 1919 mit Vorentwürfen für eine ›Fabrik‹, wie die endgültigen Pläne nun benannt werden. Mindestens sechs der Vorstudien sowie die Endfassung haben sich erhalten. Durch eine plötzliche Änderung der Purmerender Steuerstruktur, die zu schwierigen Belastungen für die Firma führte, war das Unternehmen gezwungen, nach Haarlem auszuweichen.

Für den neuen Standort entwirft Oud dann ein weiteres Projekt, das 1920 im September-Heft von ›De Stijl‹ publiziert wird. Dieses Vorhaben bleibt bis zum Mai 1922 im Gespräch. Danach verliert sich der Auftrag im Dunkeln und wurde wohl ein Opfer der nahenden Wirtschaftskrise.

Die frühesten der erhaltenen Vorstudien stellten einen gestreckten Bau mit einem langen ›Arm‹ vor *(Abb. 25)*. Das nur in flüchtigen Umrissen formulierte Gebäude wird in zwei separierte Flügel mit verbindendem Mitteltrakt unterteilt. Die generell horizontale Ausrichtung der Fabrik, die Aufrißführung des rechten Flügels und die nun stärker durchgeformte allseitige Plastizität verraten deutlich, wie oben bereits angedeutet, zu diesem Zeitpunkt Ouds Faszination von Wrights Werk. Die Mittelpartie, jeweils verschieden gestaltet, wird hier noch aus relativ einfachen Kuben geformt, deren formale Nähe zum Strandboulevardprojekt erkennbar ist. Die Durchbildung der einzelnen Fassaden bleibt in dieser Phase ein recht peripheres Problem.

Ouds Ringen um die Gestaltung des Mitteltrakts und seine bewußte Verwendung von sich durchschneidenden Horizontalen und Vertikalen tritt in den späteren Skizzen auf *(Abb. 26)*. Genügt der Hinweis des Baumeisters auf Mondrian, um die spannungsreiche Asymmetrie der Mittelfassade zu erklären? Im Grunde ist der

Vergleich nur bedingt zutreffend, denn Mondrians Bilder des Jahres 1919 zeigen eine wesentlich einfachere Struktur. Dazu kommt die Tatsache, daß der Maler 1919 nach Paris zurückkehrte und Oud in der für den Fabrikentwurf entscheidenden Zeitspanne (Ende 1919/Anfang 1920) über Mondrians Entwicklung nicht informiert sein konnte[51]. Mondrians Korrespondenz mit Oud aus den Jahren 1919 und 1920 erwähnt sein eigenes Werk nur beiläufig, und der Künstler besaß nicht die Mittel, um Oud über seine letzten Bilder durch Photographien zu unterrichten. Eine sorgfältige Überprüfung der Entwicklung Mondrians zwischen Herbst 1919 und Ende 1921 sowie die Analyse des unpublizierten Briefwechsels zwischen Oud und den De Stijl-Freunden aus diesem Zeitraum legen vielmehr folgende Schlüsse nahe, die nach dem heutigen Forschungsstand nur Diskussionsbeiträge sein können: 1. Der Fabrikentwurf hat Mondrian angeregt und nicht umgekehrt. 2. Eventuelle Vorbilder für den Mitteltrakt sind in dreidimensionalen Werken der De Stijl-Gruppe zu suchen; dabei ist an Rietveld und Vantongerloo zu denken[52]. 3. Ouds Hinweis auf Mondrian ist wohl unter dem Einfluß von Jaffés bestechendem Buch entstanden, das 1956 erschien und von dem Architekten eingeleitet wurde[53].

Vergleicht man etwa Mondrians ›Komposition Damenbrett‹ aus dem Jahre 1919, die typisch für sein Schaffen zu diesem Zeitpunkt ist, mit der Fabrik, so erscheint Ouds Werk als fortschrittlicher im Sinne des voll ausgeformten De Stijl-Kanons. Ouds Entwurf wird Mondrian mit Übersendung des Märzheftes 1920 bekannt. Erst ab 1921 findet sich dann in seinen Bildern eine vergleichbare asymmetrische Kompositionsstruktur.

Vier Monate vor der Veröffentlichung des Entwurfs erscheinen zwei Abbildungen von Vantongerloos Plastiken (im Dezember-Heft des Jahres 1919)[54]. Die zentrale Partie von Ouds Vorschlag zeigt eine erstaunliche Nähe zur kleineren Skulptur, desgleichen bestehen Affinitäten zwischen den Skizzen in Abb. 23 und der größeren Plastik Vantongerloos. Auch muß in diesem Zusammenhang auf die ›Plastik II‹ des Jahres 1918 verwiesen werden, die in van Doesburgs Bauhausbuch wieder abgebildet wurde und enge Parallelen zur Fabrik aufweist. Schließlich beginnt im genannten Dezember-Heft des Jahres 1919 der Abdruck von Vantongerloos ›Reflexions‹, die Oud sicher nicht entgangen sind. Man wüßte unter diesen Umständen gern, wann Oud seinen Entwurf endgültig fertiggestellt hat.

Ferner muß auf Rietvelds Briefe verwiesen werden. Nachdem der Architekt Rietveld zur Zusammenarbeit an den Spangener Blöcken eingeladen hatte, übersandte Rietveld mit seinem Brief vom 20. September 1919 drei Entwürfe für Anrichte und Stühle[55]. Oud trägt die Ausmaße der Anrichte in einen erhaltenen Innenaufriß einer typischen Spangenwohnung ein, und der sensible Baumeister wird den Kontrast zwischen seiner ›Minimalarchitektur‹ und Rietvelds gewagtem Vokabular kaum übersehen haben. Spätere Briefe Rietvelds legen die Vermutung nahe, daß Oud noch Anfang 1920 an seinem Entwurf gearbeitet hat. So fragt Rietveld am 23. Januar an: ›Wie geht es denn mit der Fabrik? Wächst die Kleine heran?‹ Und noch am 26. Februar – der Entwurf wird im März veröffentlicht – heißt es brieflich: ›Wann sehen wir endlich etwas von der Fabrik?‹[56] Es ist deutlich, daß beide Künstler das Problem diskutiert haben, und ohne Ouds große Leistung schmälern zu wollen, darf man wohl Vantongerloo und Rietveld als Inspirationsquellen für den Fabrikentwurf berücksichtigen.

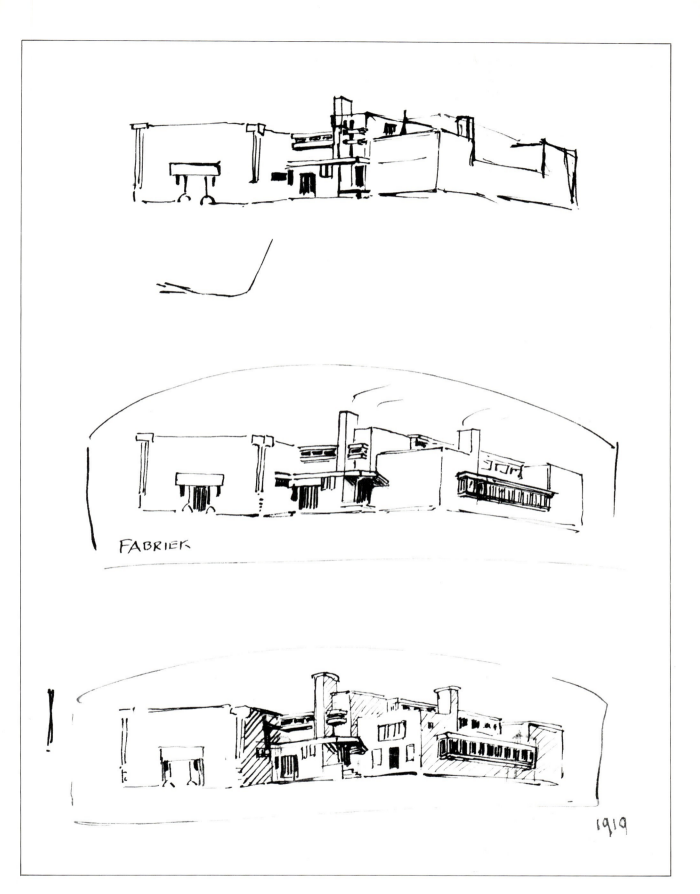

FABRIEK

1919

49

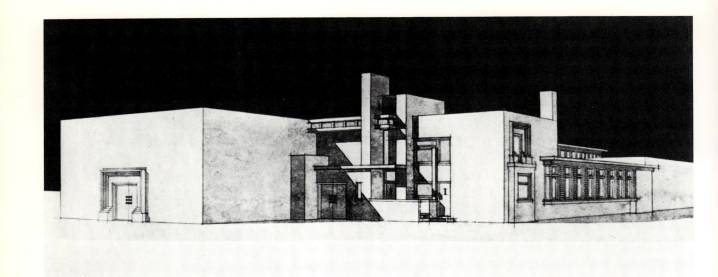

27
Oud-Fabrik,
zweites Projekt,
perspektivische Ansicht
der Endfassung.
Purmerend, 1919

Schließlich ist es verständlich, daß sich Oud Ende der fünfziger Jahre bei der Niederschrift seiner Erinnerungen unter dem Eindruck von Jaffés 1956 publizierter brillanter Studie auf Mondrian berief, der von Jaffé in den Mittelpunkt seiner Betrachtungen gestellt wurde. Er war der einzige der Gruppe, der zu diesem Zeitpunkt einen unbestrittenen internationalen Ruf besaß und der zudem als enger Freund des Architekten bekannt war. Vorstehende Bemerkungen also mögen als vorläufiger Diskussionsbeitrag gewertet werden.

Die Endfassung *(Abb. 27)* – Oud hatte in den späteren Vorstudien den langen Arm bereits geopfert – bietet eine faszinierende Synthese. Der linke Flügel ist als kantiger Kubus im Formengut des Strandboulevardentwurfs konzipiert, dem ein Berlage verpflichtetes Einfahrtstor eingefügt wird. Zwischen zwei weitgehend unberührten Wänden wird dann als wirkungsvoller Kontrast der komplexe Mitteltrakt eingespannt. Schließlich hat der Aufriß des rechten Flügels Wright viel zu verdanken. Der Architekt hat zugestanden, daß er genötigt war, mit den praktischen Anforderungen etwas zu ›jonglieren‹ (Oud), um die von ihm gewünschte Form der Mittelpartie durchzuhalten. Dennoch war er mit dem Ergebnis zufrieden. Tatsächlich war dieses ›Jonglieren‹ nicht zu schwierig, denn es befanden sich im Erdgeschoß hinter dem rechten Wandteil ein Büro, links neben der ersten Tür die Teeküche, gefolgt vom Treppenhaus hinter dem zweiten Eingang und den Herren- und Damengarderoben zur Linken und Rechten der zweiflügeligen Einfahrt. Dem Wright verpflichteten Trakt wurden die Geschäftsräume zugeteilt, und hinter dem wuchtigen Volumen des linken Flügels reihte Oud die für eine Spirituosenfabrik notwendigen Lagerhallen, Arbeitsräume usw. auf[57]. Der Architekt erreicht eine durchaus zufriedenstellende Verbindung von Funktion und Form, wenn ihn auch ohne Zweifel das ästhetische Experiment besonders beschäftigte. Verschiedene Autoren haben übereinstimmend festgestellt, daß die Mittelpartie der Fabrik das erste Beispiel der De Stijl-Architektur darstellt[58]. Diese Auffassung scheint in dieser Form nicht ganz angemessen. Man sollte besser sagen, daß die Fabrikfassade als erstes Beispiel des fortgeschrittenen De Stijl-Kanons in der Architektur zu gelten hat; denn ebenso wie Mondrians und van Doesburgs Bilder aus dem Jahre 1917 das formale Arsenal der frühen De Stijl-Phase in der Malerei vorstellen, das wenig mit ihren künstlerischen Mitteln gegen Ende 1919 gemeinsam hat, so spiegelt Ouds Scheveninger Vorschlag die junge De Stijl-Architektur wider, die sich ebenfalls von dem Vokabular der Fabrikfront deutlich abhebt. Auf der anderen Seite wird die späte De Stijl-Architektur, wie sie uns nach 1921 in Rietvelds Schröder-Haus überzeugend gegenübertritt, eine Parallele in Mondrians Bildern der zwanziger Jahre finden. Zwischen diesen Extremen, dem Strandboulevardprojekt und dem Schröder-Haus, stellt die Purmerender Fabrik die mittlere oder fortgeschrittene Phase der De Stijl-Architektur dar, der auch Rietveld sowie van Doesburg und van Eesteren in ihren späteren Modellen deutlich verpflichtet sind. Dieser Entwurf reflektiert aber auch die innere Spannung, die den Architekten Anfang 1920 beherrscht haben muß. Noch hat Oud nicht seine persönliche Handschrift gefunden, noch wird er, wenn der Vergleich erlaubt ist, von drei magnetischen Polen angezogen: von Berlage, Wright und der De Stijl-Ideologie.

Im Septemberheft des Jahres 1920 wird Ouds drittes Fabrikprojekt abgebildet (Abb. 28), das jetzt für die neuen Verhältnisse in Haarlem zu einer etwas anspruchsvolleren Lagerhalle herabgestuft ist. Der Architekt verzichtet hier auf jedes De Stijl-Mittel und bietet ein symmetrisch komponiertes, horizontal betontes Gebäude von großer Strenge und Sachlichkeit an. Übrigens ist ein Vergleich des Vorschlages, der Gropius und Meyer seit Dezember 1920 bekannt war, mit der Eingangsfront des 1922 umgebauten Jenaer Theaters sehr aufschlußreich. In diesem Projekt für Haarlem tritt eine merkliche Beruhigung auf, die ähnlich auch in Ouds theoretischen Darlegungen vermerkt werden kann. So publiziert er 1920 in ›De Stijl‹ seinen Aufsatz ›Zur Orientierung‹, in dem es heißt: ›Der ästhetische Wert eines Gebäudes besteht in der Reinheit seiner Verhältnisse, der Klarheit des Raumausdrucks durch Massen, Flächen und Linien und schließlich in der Spannkraft seiner konstruktiven Plastik.‹[59] Dieses Zitat ist unmittelbar auf das Haarlemer Projekt anwendbar. In der kargen Formensprache weist es bereits auf Zukünftiges hin. Man braucht in der Vorstellung nur Fenster- und Türöffnungen in freien Proportionen in die Seitenflügel dieses Vorschlags einzufügen, und Ouds Vorstellungen für das Haus Kallenbach aus den Jahren 1921/22 sind im wesentlichen umrissen; hierin liegt die Bedeutung dieses Entwurfs wie auch des angeführten Aufsatzes. Beide legen die Grundlagen für *einen* Trend in seinem Schaffen der zwanziger Jahre: die Tendenz zum funktionalistischen Gestalten, die sich in Ouds Bauten für Hoek van Holland, Rotterdam und Stuttgart zeigt und die der theoretischen Forderung nach ›Reinheit der Verhältnisse, Klarheit des Raumausdrucks‹ genügen. Seine geniale Leistung bestand darin, diese Forderung bereits am 2. Dezember 1919 erhoben zu haben, zu einem Zeitpunkt also, zu dem Gropius und andere Bauhausmeister sehr unterschiedlichen Vorstellungen huldigten, Le Corbusier sich noch entwickelte und Wright in eine zweifelhafte Architekturproduktion abglitt[60].

Im dritten Fabrikprojekt treten erneut formale Anregungen aus Wrights Bauten vor 1911 auf, besonders in den Fensterbändern und in der gestaffelten Horizontalität der ineinander verzahnten Blöcke. Berlages und Wrights Einfluß geht jedoch nach 1920 merklich zurück. Oud hat sich sehr bewußt mit der Rolle Wrights auseinandergesetzt, wie schon seine Analyse des Robie-Hauses andeutete. In seinem 1925 verfaßten Aufsatz ›Der Einfluß von Frank Lloyd Wright auf die Architektur Europas‹ weist der holländische Architekt auf die große Bedeutung des amerikanischen

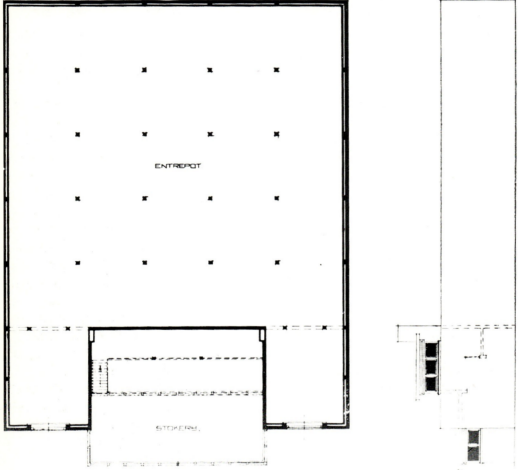

ENTREPOT

STOKERU.

Baumeisters hin, er besteht aber darauf, daß sich der europäische Kubismus in der Architektur völlig unabhängig von Wright entwickelt hat[61]. Giedion wird später eine ähnliche Meinung vertreten und diese räumliche Konzeption als ›Raum-Zeit‹ benennen, eine Auffassung, die Scully, als typisch europäisch, leicht verdächtig erschien: ›Es fällt mir schwer, entweder die Definition oder den Unterschied [zu Wright] zu akzeptieren.‹[62]

Oud benutzt den Begriff Kubismus in einer sehr persönlichen Interpretation und meint damit den ›Willen zum Rechteckigen‹, ›die Tendenz zum Dreidimensionalen‹, ›das Zergliedern der Baukörper und Wiederaufbauen ihrer Teile‹.[63] Der Architekt gesteht zu, daß es hier prinzipielle Übereinstimmungen mit Wright gibt, ist jedoch der Ansicht, daß dieser sich in seinen Werken von diesen strengen

Maximen entfernt hat. ›Dasjenige aber, was bei Wright überschwengliche Plastik, sinnlicher Überfluß ist, war beim Kubismus – es konnte vorläufig nicht anders sein – puritanische Askese, geistige Enthaltsamkeit .. Zeigte sich Wright in der Praxis doch mehr Künstler als Prophet, so bereitete der Kubismus mehr tätlich die Verwirklichung desjenigen vor, was auch seine Theorie war.‹[64] Das Haarlemer Projekt zeigt denn auch deutlich diese bewußte Synthese von Wright und Kubismus, die für Oud um 1920 von entscheidender Bedeutung war und ihm den Weg zum funktionalistischen Bauen der zwanziger Jahre wies.

Einige im Nachlaß gefundene Skizzen und Entwürfe stehen den Fabrikentwürfen stilistisch so nahe, daß sie in die Jahre 1919/20 datiert werden dürfen. So zeigt etwa eine Ideenskizze für ein Atelier in den Dünen (Abb. 29) die oben erörterte Dualität zwischen kubischem Gestalten und De Stijl-inspirierten Einzelheiten, wobei Oud dem einfachen, kaum durchgeformten Baukörper im Sinne des von ihm angesprochenen Kubismus Priorität einräumt.

1921 war das letzte Jahr von Ouds Mitgliedschaft im De Stijl. Es begann mit hoffnungsvollen Briefen van Doesburgs aus Weimar und endete mit dem tragischen Zerwürfnis zwischen den Freunden im November und Dezember. Erst kurz vor dem Tod van Doesburgs wurden wenigstens die menschlichen Beziehungen wieder hergestellt, obwohl im Sachlichen die unterschiedlichen Meinungen bestehen blieben[65]. Van Doesburg schreibt am 22. Dezember 1920 eine Karte aus Berlin und kündigt darin seine erste Reise nach Weimar an[66]. Er hatte am 19. Dezember Gropius und Meyer im Haus von Bruno Taut kennengelernt und den Bauhausdirektor über die Tätigkeit des De Stijl-Kreises informiert. ›Im Haus des expressionistischen Architekten Bruno Taut trifft der Herausgeber [gemeint ist van Doesburg] Walter Gropius, seine Assistenten Meyer und Forbat sowie mehrere Bauhausschüler. Hier zeigt der Herausgeber eine umfassende Photosammlung von Arbeiten der De Stijl-Gruppe. Während die Photos herumgereicht werden, wird dem Wunsch Ausdruck verliehen, am Bauhaus in der Art des De Stijl zu arbeiten! 'Wir wollen so etwas Ähnliches am Bauhaus.' Einladung von Gropius, das Bauhaus zu besuchen. Januar 1921, Besuch des Bauhauses ..‹[67]

Es interessiert hier nicht die alte Streitfrage, ob Gropius tatsächlich van Doesburg eingeladen hat oder nicht, Baljeu hat die Alternativen zu diesem Problem bereits sorgfältig zusammengetragen; entscheidend sind dagegen zwei Aspekte: Erstens ist Gropius bereits im Dezember 1920 vollständig mit Ouds Werk durch van Doesburgs Photosammlung vertraut und zweitens fährt van Doesburg tatsächlich nach Weimar. Er meldet sich brieflich bei Oud schon am 31. 12. 1920 aus dem Weimarer Hotel ›Elephant‹ und agiert dort in den ersten Januartagen des Jahres 1921 mit einer derartigen Schärfe, daß er Gropius tief verärgert und irgendwelche Anstellungspläne nicht zur Ausführung kommen[68].

Wie undiplomatisch van Doesburg vorging, zeigt sein Brief an Antony Kok, in dem er davon spricht, daß er in Weimar alles auf den Kopf gestellt habe und dem Sieg des De Stijl über alle Gegner nichts mehr im Weg stehe[69]. Es ist kaum verwunderlich, daß Gropius unter diesen Umständen van Doesburg als Fanatiker bezeichnete und eine persönliche Abneigung gegen ihn empfand, die sich auch in Gropius' Briefen an Oud niederschlägt. Dieser persönliche Hintergrund muß bei der Diskussion der De Stijl-Rezeption im Bauhaus bei einem versuchten Aufspüren von De Stijl-Einflüssen im Werk von Gropius berücksichtigt werden. Den

Vorwurf, daß er seine stilistische Wende seit Frühjahr 1922 unter dem Einfluß van Doesburgs vollzogen hat, hätte Gropius sicher entschieden zurückgewiesen. Es überrascht denn auch nicht, wenn van Doesburg sich in einem langen Brief aus Weimar vom 21.6.1921 über die Schwierigkeiten mit Gropius beklagt, und daß er in seinem nächsten Schreiben an Oud vom 21.7.1921 von seiner zunehmenden Isolierung in Weimar berichtet[70]. Diese Ereignisse aus der ersten Hälfte des Jahres 1921 sind für die Beziehungen zwischen Oud und dem Bauhaus von großer Wichtigkeit. Hierauf wird später noch zurückzukommen sein.

Der Pariser Kunsthändler Leonce Rosenberg plante eine umfassende Ausstellung der De Stijl-Architektur für den Zeitraum Januar/Februar 1922, die jedoch erst am 15. Oktober 1923 eröffnet wurde. Im Rahmen der langwierigen Vorbereitungen beauftragte er van Doesburg, an Oud mit dem Vorschlag heranzutreten, ein Privathaus mit Ausstellungsräumen zu entwerfen. Van Doesburg übersendet Rosenbergs schematische Skizzen an Oud im April 1921. Dieser ist bereit, den Auftrag anzunehmen, bittet aber Rosenberg um Aufklärung über das Baugelände. Der Kunsthändler antwortete am 6.9.1921: ›Da das Haus .. sich nicht auf ein bestimmtes Terrain beziehen soll, kann ich Ihre Frage leider nicht beantworten. Ich überlasse es Ihnen, ein Modell zu bauen, das einem Grundstück X, Y oder Z angemessen sein würde. Ich gebe gerne zu, daß dies gewisse Schwierigkeiten bereitet, aber da das Pariser Publikum normalerweise auf einem flachen Terrain baut, scheint es mir möglich zu sein, ein Projekt auszuarbeiten, das in der Mehrzahl aller Fälle auch brauchbar sein wird.‹[71] Oud lehnt den Auftrag ab, da er sich als Architekt ein Haus ohne bestimmtes Gelände nicht vorzustellen vermag. Bekanntlich haben dann van Doesburg und van Eesteren in den Jahren 1923/24 für Rosenberg die gewünschten Modelle gebaut, die zusammen mit van Doesburgs Weimarer Modellen die spätere De Stijl-Architektur ankündigen.

So sehr man Ouds professionelle Einstellung bewundern muß, so bedauerlich ist es doch im Rückblick, daß er diesen Auftrag ausschlug. Denn hier, im Jahr 1921 – und nicht 1923, wie in der Literatur durchgängig angegeben wird –, und zwar noch vor dem Kallenbach-Wettbewerb, hätte er die Möglichkeit gehabt, ohne die behördlichen Beschränkungen seines Amts seine kühnsten Vorstellungen wenig-

stens in einem Modell zu realisieren, dem breiteste Öffentlichkeitswirkung sicher war. Darüber hinaus waren Rosenbergs Angaben recht spezifisch und hätten durchaus Ouds Maxime genügt, daß ›die Grundlage einer neuen, organischen Baukunst .. nie von einer äußeren Form, sondern immer von einer inneren Notwendigkeit gebildet werden‹ [soll][72].

In das Jahr 1921 fällt auch der Beginn des Kallenbach-Wettbewerbs und damit im Zusammenhang stehend Ouds erste Reise nach Berlin und Weimar. Auf Empfehlung von Moholy-Nagy, dem künstlerischen Berater Kallenbachs, werden Oud, Gropius, Meyer und Hilberseimer aufgefordert, entsprechende Entwürfe auszuarbeiten. Pehnt zeigt sich von Ouds Entwurf etwas enttäuscht, gesteht aber zu, daß er deutlich den historischen Vorsprung der De Stijl-Architekten vor den Angehörigen des Bauhauses zeigt[73].

Am 4.12.1921 schreibt Moholy-Nagy, ›daß ich es sehr bedaure, daß Sie durch die letzten Angaben ihren fertigen Plan umwerfen müssen‹[74]. Danach datierte Ouds erster durchgearbeiteter Entwurf, der bis heute unbekannt geblieben ist, spätestens vom November 1921. Dies würde auch mit Gropius Vorschlag übereinstimmen, der ebenfalls im November 1921 entsteht. Nach der vorliegenden Korrespondenz wird Oud zu einer weiteren Besprechung im Februar 1922 nach Berlin gebeten. Im Anschluß an diese Reise sendet Oud am 13.3. neue Pläne nebst Modell und kündigt am 8.4. letzte Veränderungen und detaillierte Blaupausen an[75]. Am 9. April rät Moholy-Nagy schriftlich, das Projekt wegen wirtschaftlicher Schwierigkeiten aufzugeben. Die bereits im September 1922 publizierten Pläne für das Kallenbach-Haus stammen also im wesentlichen aus den Monaten März/April 1922; ihre Beziehungen zu seinem Entwurf vom November 1921 bleiben vorläufig ungeklärt[76].

Der Entwurf (Abb. 31) zeigt einen über L-förmigem Grundriß entwickelten zweistöckigen Bau mit Flachdach, dem auf der nördlichen Gartenseite im Kellergeschoß eine Hausmeisterwohnung angefügt ist. Die Architektur gibt sich sehr streng, ein Komponieren mit präzisen Kuben herrscht vor. Die Öffnungen sind, besonders auf den Gartenseiten, in spannungsreichen Proportionen in die Wände eingeschnitten. Die Grundrisse verraten den auf Repräsentation bedachten, wohl-

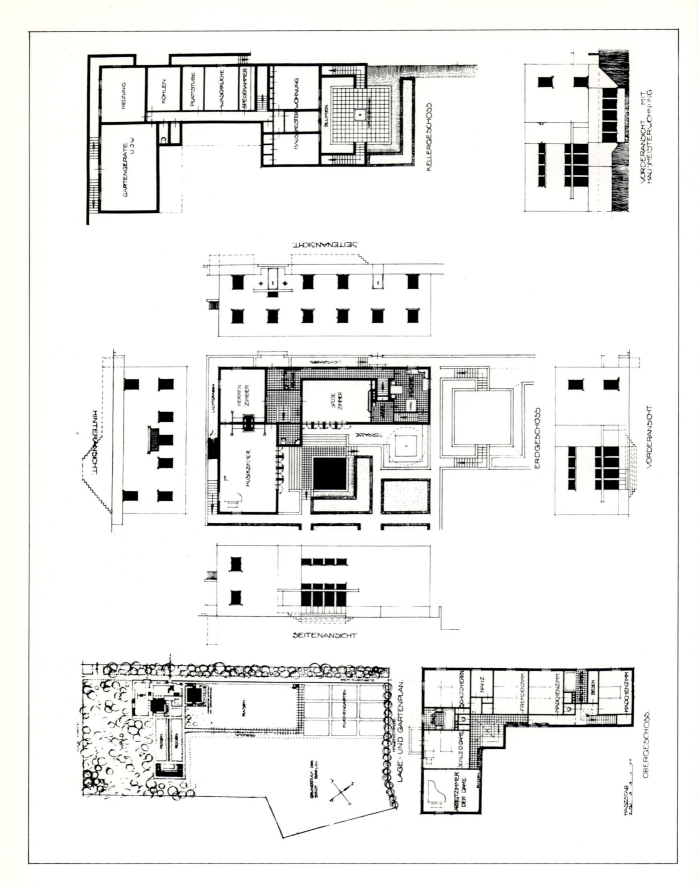

56

habenden Haushalt ohne Kinder, wie Musikzimmer-Salon nebst anschließendem Herrenzimmer, großzügige Schlafräume und die Zimmer für die Hausangestellten belegen. Oud bleibt in der Form und Anordnung dieser Räume durchaus im Rahmen des zu Erwartenden.

Die Vorstudien *(Abb. 30)* zeigen, wie weit sich der Architekt bereits 1921 von dem kanonischen Formengut des De Stijl entfernt hatte. Er experimentiert wiederholt mit Rundformen, jener Kardinalssünde des Neoplastizismus. Hier und in anderen Skizzen der folgenden Jahre liegen die Ursprünge für die in Hoek van Holland auftretenden abgerundeten Ecklösungen, die van Doesburg erzürnt als Weiterführung der Architektur van de Veldes, also des Jugendstils, verurteilte. Diese Skizzen beweisen andererseits erstaunliche innere Freiheit, die von nun ab Ouds ›klassische‹ Werke der zwanziger Jahre begleiten wird.

Das Kallenbach-Projekt zielte auf eine Form, die von allem Nebensächlichen gereinigt ist. Oud denkt an eine Art unhistorischen Klassizismus. Jetzt sind alle Anregungen eines Wright oder Berlage überwunden und die De Stijl-Experimente gezügelt. Der Bau entwickelt sich vollplastisch nach allen Seiten hin im Raum.

Hitchcock hat darauf hingewiesen, daß der holländische Architekt von den technischen Möglichkeiten des Eisenbetons, in dem das Haus wie alle freien Projekte Ouds seit 1917 ausgeführt werden sollten, noch kaum Gebrauch macht[77]. Öffnungen und Balkone bleiben sehr verhalten. Im Hinblick auf technische Virtuosität ist denn auch das Kallenbach-Projekt den von Le Corbusier im gleichen Jahr veröffentlichten Citrohan-Modellen nicht vergleichbar, ist aber formal und ideologisch den noch expressionistischen Tendenzen verhafteten Kallenbach-Plänen von Gropius und Meyer deutlich überlegen.

Neben den bislang diskutierten Bauten und Entwürfen findet sich seit 1918 eine Reihe von Arbeiten, die sich mit dem Problem des sozialen Wohnungsbaus auseinandersetzt. Die städtebaulichen Aspekte derartiger Planungen waren durch das Gesetz von 1901 geregelt. Auf der anderen Seite trieb die Inflation in den Jahren 1919 bis 1921 die Baukosten um durchschnittlich 260 Prozent – im Vergleich zur Vorkriegszeit – in die Höhe, so daß der Staat zum massiven Eingreifen genötigt wurde, um die Wohnungsnot zu lindern. Das 1920 eingeführte Prämien-System war der deutlichste Ausdruck der Bestrebungen, den Wohnungsbau zu stimulieren.

Nach seiner 1918 erfolgten Ernennung zum Rotterdamer Stadtbaumeister wird Oud fast durchgängig genötigt, seine Idealentwürfe den bürokratischen Vorschriften anzugleichen. Auf der anderen Seite sah er gerade in dieser Aufgabe das strengste Kriterium, an dem sich der Wert eines neuen Bauens erweisen mußte. Folgt man Oud, so konnte nur in engster Verzahnung mit der gesellschaftlichen Realität, in der bewußten Verbesserung der baulichen Umwelt die Schlacht um die moderne Baukunst gewonnen werden. Ein Hauch der sozialen Utopien der De Stijl-Gruppe wird wieder spürbar, die später auch die Vorstellungen des Bauhauses anregen werden.

Im Rahmen dieses Buches kann eine detaillierte Abhandlung dieses wichtigen Aspekts in Ouds Schaffen nicht gegeben werden, der Leser wird auf Spezialuntersuchungen wie die hervorragende Studie von Prudon (1971) und die in Arbeit befindlichen Untersuchungen von Günter und Pommer verwiesen. Wie man dieses komplexe Thema nicht angreifen darf, hat Rebel (1977) auf peinliche Weise

bewiesen. Ohne Kenntnis der Abhandlung Prudons oder der vergleichsweise bescheideneren, aber dennoch wertvollen Studie Rentjes, ohne eine Vertrautheit mit dem wichtigen Material im Wassenaarer Oud-Archiv und in Paris wird nach rein ideologischen Gesichtspunkten argumentiert[78].

Ouds Ideale und die gebaute Realität stimmen nicht überein. Dies zeigt ein Vergleich zwischen dem Vorschlag für die Fassadengestaltung eines Wohnblocks und den im gleichen Jahr 1918 entworfenen Blöcken 1 und 5 der Siedlung Spangen (Abb. 32, 33). Zwar verfällt Oud in den Spangener Blöcken nicht dem expressiven Individualismus der Amsterdamer Schule; aber auch der Nuancenreichtum und die monumentale Gesamtkonzeption seines Idealentwurfs konnte er nicht realisieren. Auf dem Reißbrett gelingen dem Architekten überzeugende Kontraste zwischen Türzonen, gerahmten Fensterfeldern und in die Fläche eingeschnittenen Öffnungen, die er innerhalb eines subtilen Fassadenreliefs in einem überschaubaren Rhythmus anordnet. Man bemerkt De Stijl-Einflüsse in der Binnenkonturierung der Fenster und die Berlage verpflichtete Plastizität der Mauerfläche in modernen Formen; der Entwurf schließt sich zu einer optisch geglückten Synthese zusammen. Der Vorschlag atmet noch die ungebrochene Radikalität seines Aufsatzes ›Das monumentale Stadtbild‹, in dem er neben dem absoluten Vorrang des Wohnblocks unter anderem ›die Bejahung des Flachdachs und seiner Konsequenzen‹ fordert. In den frühen Spangener Blöcken bleibt Oud dagegen ›die radikale Abrechnung mit dem Scheindach‹ verwehrt, geht er mit Dachgesims und axial ausgerichtetem Einfahrtsbogen kaum über die Berlage-Tradition hinaus[79]; auch die Grundrisse weisen auf die damaligen Normen hin. Man spürt, der Architekt

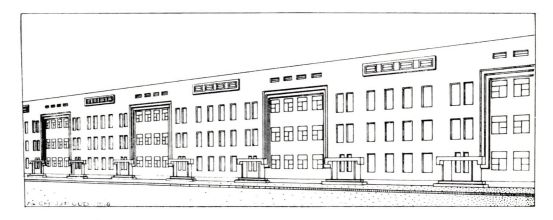

sieht sich einem neuen Arbeitsgebiet gegenüber, das er noch nicht gemeistert hat. Prüft man an Ort und Stelle die Blöcke, die auf ungünstig parzelliertem Gelände an der Peripherie Rotterdams liegen und dringend renoviert werden sollten, so werden eine beängstigende Schwere der Architektur, ein unbefriedigend gelöstes Verhältnis von Straßenbreite und damit Lichteinfall und Haushöhe sowie Schwierigkeiten in der Grundrißführung der Eckwohnungen deutlich.

Die Blöcke 8 und 9 der gleichen Siedlung *(Abb. 34, 38)* wurden 1919 entworfen. Hier verwendet Oud bereits das Flachdach. Die Dachbänder sind noch zu betont, nehmen aber visuell die schwarzen Sockelstreifen wieder auf und erzielen so, zusammen mit den betonten Türzonen, eine beherrschende Horizontalität trotz der vertikalen Fensterführung. Die Ecklösungen beider Blöcke spiegeln die zeitgleichen Experimente Ouds im Purmerender Fabrikentwurf wider; besonders am Block 9 wirken die Eckkonturierungen zu gewollt und ein wenig unmotiviert.

Blickt man auf die Hofseite, etwa von Block 8 *(Abb. 36)*, so fällt hier der völlige Mangel an Gemeinschaftsanlagen auf. Relativ einfallslos wird das Terrain in typische Kleingärten unterteilt, eine schematische Lösung, die man dem sensiblen Architekten nicht zugetraut hätte. Aber Oud steht hier eben noch am Anfang seines Wohnungsbaus. Dagegen muß die Zuordnung eines Balkons für fast jede Wohnung als Bereicherung der damals üblichen Sozialwohnungen angesehen werden. Noch ist der Hof kein Spielplatz für die vielen hier lebenden Kinder, auch dient er kaum der Kommunikation unter den Bewohnern, die unmittelbaren Nachbarn natürlich ausgenommen.

Oud dachte für den Idealfall an eine Verwendung von Rietvelds Möbeln *(Abb. 40)*, die dieser seit Sommer 1919 mit Blick auf Spangen entworfen hatte. Das pädagogisch-ästhetische Moment des De Stijl – wieder sind die Holländer dem Bauhaus weit voraus – wurde 1919 von van Doesburg, Oud und Rietveld bewußt als wichtiger Aspekt der Planungen für Spangen erfaßt. Es ist bedauerlich, daß Huszár für eine farbige Gestaltung der Wände im Sinne seiner 1917/18 entstandenen Arbeiten nicht herangezogen wurde. Das strikte Budget und bürokratisches Unverständnis machten dies wohl unmöglich. Andernfalls wären die etwas tristen Spangener Blöcke wohl zu einer künstlerischen Sensation von europäischem Rang geworden. Es ist dem Verfasser nicht bekannt, ob Rietvelds Möbel tatsächlich in diesem Rotterdamer Vorort verwendet wurden oder ob es nur bei Musterwohnungen blieb. Jedenfalls hätten sie in ihrer ausgeprägten Farbigkeit und komplizierten Form den schlichten Räumen wertvolle Akzente gegeben.

An den Spangener Wohnungen, speziell an den potentiellen Gesamtkunstwerken der Blöcke 8 und 9, zerbrach die Freundschaft zwischen van Doesburg und Oud. Dies führte zum Austritt des Architekten aus der De Stijl-Gruppe. Van Doesburg hatte Oud in den Jahren 1920/21 mit seiner zunehmend dadaistischen Aktivität mehr und mehr verstört[80]. Zu schwer trug der Architekt an der Verantwortung seines Amts, als daß er sich mit den oft Aufsehen erregenden Spielereien van Doesburgs auch nur entfernt identifizieren lassen wollte. Typische Briefe van Doesburgs aus diesen Jahren beginnen mit Formulierungen wie ›Lieber Oud-

34
Spangen-Siedlung,
Block 8.
Rotterdam, 1919

35
Aufriß mit
Theo van Doesburgs
Farbschema 1921

60

36
Spangen-Siedlung,
Block 8, Hofseite.
Rotterdam, 1919

37
Aufriß mit
Theo van Doesburgs
Farbschema 1921

Dada‹ und schließen mit ›Dein Does-Dada‹. Ansichtskarten und Photographien wurden zu dadaistischen Montagen umstilisiert, und es war durchaus möglich, van Doesburg in Leiden auf einen Baum geklettert zu entdecken. Oud besaß kaum den Charakter, der dieses Verhalten über längere Zeiträume schätzen konnte. Dazu kamen unvernünftige Forderungen des Malers, zum Beispiel sein Verlangen, die Türen für die frühen Spangener Blöcke weiß zu streichen, ein Ansinnen, das Oud schon aus praktischen Gründen ablehnen mußte[81].

Die Beziehungen zwischen beiden Künstlern scheinen jedoch bis April 1921 noch

61

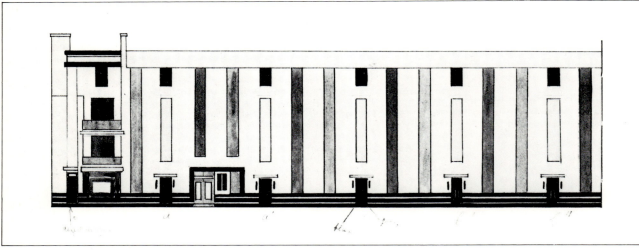

passabel gewesen zu sein. In van Doesburgs Schreiben bezüglich des Rosenberg-Hauses herrscht ein durchgängig freundschaftlicher Ton. Erst seine in Weimar verfaßten Briefe, die den Baumeister in ultimativer Form auffordern, die übersandten Farbschemata für die Blöcke 8 und 9 *(Abb. 35–39)* zu akzeptieren, führten zum endgültigen Zerwürfnis. Der Brief vom 3. November schließt mit der dramatischen Wendung ›Entweder so – oder nichts‹[82]. Oud zog die zweite Möglichkeit vor, und van Doesburgs Briefe vom Dezember 1921 besiegeln den Bruch. Worum ging es hier?

38
Spangen-Siedlung,
Block 9.
Rotterdam, 1919

39
Aufriß mit
Theo van Doesburgs
Farbschema 1921

Allgemein kann man sagen, daß Oud die Vorschläge van Doesburgs ablehnte, weil sie sich mit der Architektur nicht zu einer Einheit zusammenschlossen, während van Doesburg gerade umgekehrt auf dem dynamischen Aspekt seiner Farbgebung bestand. Mehrere der in Paris befindlichen Skizzen van Doesburgs enthalten Erläuterungen, in denen der Künstler von einem theoretischen, man könnte auch sagen, farbpsychologischen Standpunkt aus argumentiert[83]. Oud dagegen brauchte nur auf seinen massiven Wohnblock aus rotem Backstein zu schauen, um die auflösende Wirkung der Vorschläge van Doesburgs zu erkennen. So sollte die Farbgebung für den linken Seitenrisalit in Abbildung 35 wie folgt aussehen: gelb für die Erdgeschoßfenster, die Türe weiß, blau für die beiden dunkel getönten Fenster im ersten Geschoß; die beiden anderen Fenster gelb, erneut blau für die dunklen Fenster im zweiten Stock, das rechts daneben liegende Fenster in Grün, die Dachgeschoßfenster gelb und grün. Wenn man sich dazu das satte Rot des Mauerwerks vorstellt, wird man Ouds Zögern durchaus verstehen können.

Entsprechend hat man sich van Doesburgs weitere Entwürfe zu denken; in Abbildung 37 stehen die dunklen Flächen für Schwarz, Grün und Blau, immer rhythmisch angeordnet, und die hellen Flächen für Gelb. (Das gleiche Muster gilt auch für Abbildung 39, in beiden Fällen wieder vor rotem Backstein.) Überraschend ist die wiederholte Verwendung von grün, das weder in van Doesburgs Bauhausbuch ›Grundbegriffe der neuen gestaltenden Kunst‹ noch in seinen Beiträgen zu den De Stijl-Heften berücksichtigt wird. Bekanntlich läßt die entwickelte De Stijl-Theorie nur die drei (positiven) Primärfarben gelb, rot, blau und die drei (negativen) Farben weiß, grau und schwarz zu, wie dies auch in van Doesburgs Buch konsequent durchgehalten wird. Tatsächlich wurden jedoch die Türen verschiedentlich grün gestrichen, laut Frau Oud, ›weil dies besonders gut zum Rot der Wände paßte‹[84].

Man muß Ouds Ablehnung der Ideen und Vorschläge van Doesburgs akzeptieren, aus praktischen Erwägungen wie auch aus architektur-ästhetischen Gründen waren sie der Baukunst wohl nicht angemessen. Van Doesburg ging es um Auflösung der starren Volumen, Oud um belebende Nuancen. Bedenkt man die ersten Experimente in De Vonk im Jahre 1917, so sieht man, wie weit sich Oud und van Doesburg auseinanderentwickelt hatten; dort herrschte noch der feurige Eifer beider, durch bewußte Farbgebung die Architektur visuell zu ›sprengen‹. Während van Doesburg diesen Weg weiter verfolgen wird, hat sich Oud im Jahre 1921 zumindest teilweise zum Praktiker entwickelt, dem das gewagte ästhetische Experiment (nicht aber das Problem der Formgebung!) suspekt erscheint. Auf der anderen Seite muß man bedauern, daß nicht wenigstens ein Block im Sinne van Doesburgs farblich durchgestaltet wurde. Zusammen mit Rietvelds Möbelentwürfen wäre die mit bescheidenstem finanziellen Aufwand errichtete Siedlung Spangen zu einer Herausforderung ohne Beispiel geworden; sie hätte der utopischen De Stijl-Forderung genügt, die van Doesburg bei seiner Diskussion von De Vonk bereits 1918 formuliert hatte: ›Bei folgerichtiger Weiterführung und Entwicklung dieses komplementären Zusammenwirkens von Architektur und Malerei wird in der Zukunft das Ziel der monumentalen Kunst auf moderner Grundlage erreicht werden: den Menschen nicht mehr der bildenden Kunst gegenüberzustellen, sondern ihn in sie hineinzustellen und ihn hierdurch an ihr teilnehmen zu lassen.‹ [85]

War Oud noch 1917 gewillt, die strikte Arbeitsteilung zwischen Architekt und

40
Spangen-Siedlung,
Musterwohnung mit
Gerrit Thomas Rietvelds
Möbeln von 1919.
Rotterdam, Juli 1920

Maler, wie sie von Mondrian, van der Leck und van Doesburg mit Vehemenz gefordert wurde, zu akzeptieren und das angestrebte Gesamtkunstwerk der Moderne als Harmonie von Gegensätzlichkeiten zu definieren, so besteht er 1921 in den Auseinandersetzungen um Spangen auf dem Primat der Architektur. Die Malerei kann und soll zwar belebende Akzente geben, die sich aber der architektonischen Struktur, der Gesamtkonzeption und dem Rhythmus des Baues unterzuordnen haben. Oud hat dies – mit Blick auf Spangen – so ausgedrückt: ›Ein wirklich prinzipieller Unterschied tritt jedoch zutage, wenn ein Werk der Architektur, dessen Entwurf das Motiv der Gleichförmigkeit der Türen zugrunde liegt, durch eine Farbkomposition, die dieser Absicht keine Rechnung trägt, gründlich verdorben wird. Wenn man ohne Berücksichtigung dieses architektonischen Aufbaus die eine Tür blau und die andere gelb färbt, dann entsteht eine optische Ungleichheit, weil die gelbe Tür viel größer erscheint als die blaue.‹[86] Es wird deutlich, daß von einer Harmonie starker Dissonanzen als Bedingung des modernen Kunstwerks keine Rede mehr sein kann, und es liegt eine gewisse Tragik in der Tatsache, daß die gleiche fundamentale Problemstellung, unter der die beiden Freunde 1917 zum Sturm auf ›das alte Zeitbewußtsein‹ angetreten waren, vier Jahre später zum Zerwürfnis führen sollte. Mit etwas Wehmut vermerkt man auch, daß Oud die genannte optische Ungleichheit nicht als ein positives Kompositionselement integrieren konnte.

Der Architekt gerät jedoch nicht nur mit van Doesburg in einen künstlerischen Konflikt. Auch die Distanz zu Mondrian wächst. Nachdem dieser 1919 nach Paris umgesiedelt war, veröffentlichte er 1920 seinen programmatischen Aufsatz ›Die neue Gestaltung‹, in dem er von der Architektur bis zur Musik alle Kunstformen zumindest skizzenhaft beleuchtet. Es ist sehr fraglich, ob Oud das folgende Zitat akzeptiert hat: ›Die architektonische Gestaltung ist trotz ihrer augenscheinlichen Form weder bestimmt noch endlich – ebensowenig wie in der neuen Malerei die Komposition von rechteckigen farbigen Flächen es ist. Die wahre Form ist die geschlossene oder runde oder gekrümmte, im Gegensatz zur scheinbaren Form des Rechtecks, in welchem die Linien sich schneiden, als Tangenten berühren, aber nicht aufhören, kontinuierlich zu sein. – Die architektonische Gestaltung hat (trotz ihrer Dreidimensionalität) als ausgeglichenen Gegensatz der Ausdehnung und Begrenzung, als Flächenkomposition gesehen, aufgehört, als Körperliches und als Gegenstand zu bestehen. Ihr abstrakter Ausdruck erscheint sogar klarer als in der Malerei.‹

Mondrian druckt diesen Aufsatz in seinem 1925 erschienenen Bauhausbuch wieder ab[87]. Erneut tritt das ästhetisch-philosophische Argument in den Vordergrund, dem Oud die Realität des Bauwerks und seiner Bewohner entgegengehalten hätte. Der Architekt, so wird man formulieren dürfen, war 1921 der spekulativen Luft des De Stijl-Ästhetizismus einfach entwachsen. Es kommt jedoch nicht zu einem Bruch mit Mondrian, die enge Freundschaft zwischen beiden Künstlern bleibt bestehen, wie die umfangreiche Korrespondenz zeigt.

Welche Bedeutung also hatte Ouds Mitarbeit am De Stijl für seine eigene Entwicklung und für die Wertung seines Werks mit internationalen Maßstäben? Das Gedankengut der sich ausbildenden Ideologie half ihm zunächst, sich aus der Unentschlossenheit seiner Jugendarbeiten zu befreien und durch konsequente Reduktion zu einem abstrakt-kubischen Vokabular zu gelangen. Auf dieser gesicherten Grundlage – Oud sprach hier von geistiger Enthaltsamkeit – konnte der Architekt nun formale Experimente ausführen und Anregungen aus verschiedenen Quellen prüfend durchspielen. Sein in diesen Jahren entwickeltes Verhältnis zur Farbe und sein Drang zur Präzision sollten ihn bis in sein Spätwerk begleiten. Die De Stijl-Jahre erweiterten seine architektonischen Ausdrucksmöglichkeiten bedeutend. Schließlich führte die Negation des engen De Stijl-Horizonts gegen Ende 1921 zugunsten eines persönlich gefärbten kubischen Gestaltens zu einer individuellen Formensprache, die in den folgenden Jahren mit eindrucksvollen Ergebnissen überzeugen sollte.

Die Bauten und Entwürfe der Jahre 1917 bis 1921 machen Oud zum führenden De Stijl-Architekten in diesem Zeitraum. Seine Stellung im Zentrum der internationalen Avantgarde war allgemein anerkannt. Der nun einsetzende Briefwechsel mit fast allen bedeutenden Architekten und Kritikern im europäischen Ausland – diese in Amsterdam liegenden Briefe müßten noch publiziert werden – spiegelt den Respekt der Fachwelt einprägsamer wider, als es jede kunsthistorische Analyse vermag. Ouds Verlassen der Gruppe hindert ihn jedoch nicht, mit großer Souveränität das De Stijl-Vokabular vereinzelt bis mindestens 1925 zu zitieren. Auch wird er in seinen letzten Lebensjahren noch einmal auf diese Formenwelt zurückgreifen. Die Betrachtung der De Stijl-Periode des Baumeisters sei mit einer Behauptung abgeschlossen, die der Diskussion bedarf: Ouds Kontakte zu Mondrian und van Doesburg schärften in ihm die Vorliebe für formale Probleme. Sie prägten – und darin liegt die tiefe Bedeutung der De Stijl-Jahre für Oud – den Architekten zu dem, was er stets und vor allem andern bleiben sollte: ein Formgeber von höchster Sensibilität.

Die Jahre des internationalen Ruhms
1921–1927

›Die vier Führer der modernen Architektur sind Le Corbusier, Oud, Gropius und Mies van der Rohe.‹

H.-R. Hitchcock und P. Johnson, 1932

›Der Krieg bedeutete eine Pause in der Entwicklung, aber die Bewegung wurde mit stärker werdender Kraft erneuert, u. a. von Le Corbusier, Erich Mendelsohn, Ludwig Mies van der Rohe und J. J. P. Oud.‹

A. Whittick, 1974[88]

›Bestimmend jedoch sind in der zweiten Hälfte der zwanziger Jahre die Arbeiten von Gropius, Mies van der Rohe, Le Corbusier, Oud, van der Vlugt und Duiker. Gemeinsam ist ihnen die Bevorzugung einfacher geometrischer Formen wie Kubus, Quader und Zylinder. Es entsteht eine neue Raumauffassung, die durch den Begriff des 'Fließenden Raumes' gekennzeichnet werden kann.‹

J. Joedicke, 1960

Einführung

Diese Zitate belegen das internationale Ansehen, in dem Ouds Bauten der zwanziger Jahre Jahrzehnte hindurch gestanden haben. Der Architekt näherte sich damals seinem 40. Lebensjahr und schien im Zenit seiner Laufbahn zu stehen. Er brauchte den Vergleich mit den besten seiner Zeitgenossen in der westlichen Welt nicht zu scheuen. Worauf beruhte diese fast einhellige Beurteilung?

Hitchcock stellte in seinem Buch ›Modern Architecture‹ ein langes Zitat aus Ouds 1921 veröffentlichem Aufsatz ›Über die zukünftige Baukunst und ihre architektonischen Möglichkeiten‹ der Diskussion der holländischen Avantgarde voran. Der Künstler prophezeite in diesen Ausführungen eine Architektur, ›welche durch das Fehlen jedes Nebensächlichen die klassische Reinheit wird übertreffen können‹[89]. Diese theoretische Position des Jahres 1921 ist nun wiederholt als Ouds architektonisches Glaubensbekenntnis verstanden worden. Viele Autoren sehen in dieser Forderung und in den darauf aufbauenden Werken die eigentliche Leistung des Architekten und konstatieren eine Übereinstimmung von Theorie und baulicher Praxis.

So kommt Hitchcock zu dem Schluß, daß Oud in ›seinen besten Werken bereits völlig das Programm einer neuen Architektur erfüllt hat, das er 1921 aufgestellt hatte‹. De Gruyter spricht 1951 von der ›sachlich-abstrakten Tendenz in dem Werk dieser Jahre‹, und Jaffé erblickt 1956 und in späteren Veröffentlichungen vor allem den nach puritanischem Funktionalismus strebenden Baumeister. Auch Joedicke steht Anfang der sechziger Jahre in mehreren Beiträgen dieser Interpretation sehr nahe[90].

Man muß fairerweise zugestehen, daß Oud an dieser Beurteilung nicht ganz schuldlos ist. Er ließ diesen wichtigen Aufsatz in seinem 1926 aufgelegten Bauhausbuch ›Holländische Architektur‹ wieder unkorrigiert erscheinen, obwohl sich seine Ansichten zu diesem Zeitpunkt merklich geändert hatten. Ferner stellte er gegen Ende seines Lebens den autobiographischen Betrachtungen die griffige Formel voran: ›Der Anfang: das Suchen von klaren Formen für klar ausgedrückte Bedürfnisse‹; ihrem Gehalt und ihrer sprachlichen Prägnanz konnten nur wenige Forscher widerstehen[91].

Man wird auch nicht leugnen wollen, daß viel Wahres in den Zitaten und angeführten Meinungen steckt, nur stellt sich vor der Fülle des erhaltenen Materials die Frage: War es tatsächlich Ouds wichtigstes Anliegen, immer reinere Formen von einem funktionalistischen Horizont zu finden? Wird mit diesem Ansatz tatsächlich das künstlerische Credo Ouds zu diesem Zeitpunkt angemessen gefaßt? Blickt man allein auf die Ansätze des Architekten von den radikalen Forderungen der frühen De Stijl-Jahre über die schon ausgewogeneren ›Geschakelde aforismen over kunst en bouwkunst‹ (1923) bis zu den Sentenzen ›Ja und Nein. Bekenntnisse eines Architekten‹ aus den Jahren 1924/1925, so stellen sich bereits ernste Bedenken ein. Ouds theoretische Entwicklung von durchaus widersprüchlicher Natur weist auf ein zutiefst unruhiges architektonisches Suchen hin, das im Grunde bereits um 1925 mit den Prinzipien des Internationalen Stils haderte. Oud sucht ständig, wie Skizzen und unrealisierte Entwürfe beweisen, nach neuen und zumeist komplexeren Alternativen.

Banham hat denn auch mit Recht zur Vorsicht gemahnt: ›Das ist eine erneute Warnung, daß man ihren Kern verfehlt, wenn man, wie das üblicherweise geschieht, mit rein materialistischen Begriffen an die Architektur der 20er Jahre herangeht. Unter den bedeutenden Gestalten der zwanziger Jahre wird man nirgends einen Funktionalisten finden, einen Architekten, der ganz ohne ästhetische Intentionen gestaltet.‹[92] Eine aufmerksame Sondierung von Ouds Schaffen in diesem Jahrzehnt, die auch seine kaum bekannten Skizzen und unpublizierten Entwürfe einschließt, bestätigt nicht nur Banhams Urteil, sondern zeigt auch einen ungeahnten Reichtum im Werk des Rotterdamer Stadtbaumeisters. Er verwendet oft während des gleichen Jahres widersprüchliche formale Mittel und betont den Primat der ästhetischen Intentionen. Neben dem durchaus vorhandenen Drang nach funktionaler Klarheit und geometrischer Präzision steht immer das Phantasievolle, das gewagte Experiment. Oud muß in diesen Jahren mit ungewöhnlich starken inneren Spannungen gelebt und gearbeitet haben, an denen seine Nervenkraft dann um 1927 Schaden litt.

Die folgenden Ausführungen werden daher bemüht sein, sowohl dem ›klassischen‹, bekannten wie auch dem experimentierenden, suchenden und weitgehend unbekannten Oud gerecht zu werden. Beide Aspekte gehören zur Totalität seines Schaffens in diesem Jahrzehnt.

Die klassischen Werke

Die Gesamtplanung für die Siedlung Tusschendijken *(Abb. 41, 42)*, in unmittelbarer Nähe von Spangen gelegen, datiert aus dem Jahr 1920. Vorgesehen waren acht Blöcke mit insgesamt 1000 Wohnungen, von denen jedoch nur fünf mit 600 Wohneinheiten ausgeführt wurden. Vier der Komplexe entstanden nach den ursprünglichen Plänen. Im fünften Block von 1924 finden sich 200 sogenannte Mittelstandshäuser. Die 1920 entworfenen Bauten wurden über rechteckigem Grundriß konzipiert, der einen Innenhof umschließt. Sie sind als Weiterentwicklung von Spangen zu verstehen, wie Oud handschriftlich in einen Plansatz einträgt, und erregten mit ihrem puristischen Vokabular und den einladenden Wohnhöfen weithin Aufsehen[93]. Alle Wohnzimmer sind jetzt zur Hofseite gelegen und öffnen sich in der Regel auf einen Balkon oder eine Terrasse. Der Grundriß des Normaltyps ist gründlicher durchdacht.

Die Siedlung ist auch sozial angemessener. In Spangen *(Abb. 36)* herrschte in den Höfen eine triste Atmosphäre mit einförmig aufgereihten Gärten und hohen Bretterzäunen. In Tusschendijken wird der Innenhof in eine großzügige und begrünte Anlage verwandelt, die private Schmuckgärtchen mit einer Spiel- und Kommunikationszone vereint. Die Planung ist offener und kinderfreundlich, ermuntert zu Kontakten unter den Bewohnern und wird so humaner. In den Straßenfassaden verzichtet Oud auf die breiten Dachbänder. Ein kaum merkliches Gesims und die verhalteneren Ecklösungen schwächen die Wucht der Spangener Einheiten ab. Jedes aufdringliche De Stijl-Zitat ist vermieden, wenn auch die herrschende Symmetrie, die gleichförmige Wiederholung der Blockzeile und die Verwendung des rotgrauen Backsteins noch Berlage verpflichtet ist. Ein Vergleich mit dem von Michael Brinkman gebauten Block in Spangen aus den Jahren 1919–1921 ist aufschlußreich; Brinkmans komplexe räumliche Gestaltung, seine anspruchsvolleren Gemeinschaftsanlagen und die städtebaulichen Qualitäten des Entwurfs sind vorbildlich. Oud befindet sich dagegen auf dem ihn auszeichnenden Weg zu größerer Ökonomie der Mittel und möglichster Straffung der Form. So gelingt ihm durch die Vereinfachung aller Strukturelemente eine gewisse Beruhigung und Distinktion, obwohl er mit den farbigen Streifen in den Sockelzonen und den betonten Türstürzen noch Stilmittel der Spangener Blöcke fortsetzt. Dennoch kann man mit Blick auf die Situation im europäischen Wohnungsbau um 1920 die Leistungen von Oud und seinen holländischen Kollegen kaum hoch genug bewerten. Giedion betonte mit Recht, daß kein anderes Land um 1920 mit den Siedlungsbauten Ouds, van Loghems, Wils, de Klerks und Dudoks konkurrieren konnte[94], und Bruno Taut schreibt 1923 nach einem Besuch in Rotterdam über Tusschendijken: ›Ihre letzten Baublöcke aber haben mich aus der Kenntnis des Milieus vollkommen überzeugt.‹[95]

Nach Junghanns wird Taut 1925 in engster Anlehnung an Tusschendijken seine Wohnstadt an der Erich-Weinert-Straße entwerfen. Der Autor ist der Meinung, daß die Übereinstimmung beider Anlagen so offensichtlich ist, ›daß man auf sehr enge Beziehungen zwischen beiden Künstlern schließen muß‹[96]. Diese Beziehungen bestanden in der Tat und sollen im folgenden Kapitel näher behandelt werden.

1922 stellt Oud seine Pläne für die Siedlung Oud-Mathenesse fertig, die sich in der Nähe von Spangen und Tusschendijken an der Stadtgrenze zu Schiedam befindet

(Abb. 43–45). Der Siedlungsbau muß im Rahmen der von Oud 1923 fertiggestellten Stadterweiterungspläne verstanden werden. Oud-Mathenesse war für eine Lebensdauer von 25 Jahren projektiert und sollte dann in einen Teil des öffentlichen Parksystems verwandelt werden. ›Das weiße Dorf‹, wie es in einer zeitgenössischen Besprechung genannt wurde, besteht jedoch noch heute, wenn auch in einem stark renovierungsbedürftigen Zustand.

Oud hatte mit einem ziemlich kleinen, dreieckigen Grundstück auf freiem Gelände zu arbeiten und war genötigt, das steile Satteldach zu verwenden. Die Siedlung besteht aus 343 Einfamilienwohnungen, 8 Läden und einem Verwaltungsgebäude und wurde in einer halbdauerhaften Holzkonstruktion ausgeführt. Für 98 Prozent aller Häuser wurde der gleiche Grundriß gewählt. Der Zwang zu äußerster Wirtschaftlichkeit führte zur Typisierung, die Reihenwohnhäuser kosteten bei 55,3 qm Nettowohnfläche nur 2050 Gulden.

Entscheidend für den Erfolg der Planung war die Einschränkung der in Spangen und Tusschendijken verwendeten vieretagigen Backsteinblöcke auf zweigeschossige Häuserzeilen mit verputzten und gekalkten Wänden. Jede Erinnerung an die Amsterdamer Schule ist nun ausgelöscht. Nach Oud-Mathenesse wird der Architekt mit einer Ausnahme keine Siedlungen planen oder bauen, die mehr als zweistöckig angelegt sind. Auf den Backstein als beherrschendes Material kann er vollständig verzichten. Diese beiden einschneidenden Veränderungen, die in Oud-Mathenesse zuerst geprüft werden, sind die Vorbedingungen für seine beispielhaften Werke in Hoek van Holland, De Kiefhoek und Stuttgart.

Benevolo hat beobachtet, daß Oud und auch Berlage ›in seinem Bildungsfonds keine brauchbare Hilfe für die Gesamtkonzeption findet‹ und daher auf eine formalistische, völlig symmetrische Lösung ausweicht[97]. In dem Bebauungsplan werden mehrere parallele Straßenzüge um einen zentralen Platz geführt, an dem alle Geschäfte angesiedelt sind. Die Geländespitzen erhalten ihre Durchformung als bewußten Kontrast zu den Straßenachsen. Der zentrale Platz dient allen Bereichen sozialer Aktivitäten, dem Spiel der Kinder, dem Gespräch der Hausfrauen oder gesellschaftlichen Veranstaltungen am Abend.

Die Paarung der Eingangstüren in den Häuserzeilen und das leichte Vorziehen der

Eckwohnungen gibt den Rhythmus und schafft eine strenge architektonische Ordnung, die durch wohldurchdachte Farbnuancen aufgelockert wird. Die Wohnungen haben auf der Rückseite den traditionellen Hausgarten; die Grundrißführung mit Schlafräumen im Obergeschoß und Küche, Kammer, WC und Wohnraum im Erdgeschoß ist solide, aber ohne große Innovationen. Roland Günter hat am Beispiel einer Arbeitersiedlung im Ruhrgebiet überzeugend dargelegt, wie wichtig für den sozialen Kontakt unter anderem die zur Straße orientierten Tür- und Fensteröffnungen sind, welche bedeutende Rolle Garten und vom Verkehr unberührte Straßen in einer überschaubar gestalteten Siedlungsgemeinschaft spielen[98]. Im Prinzip kann man diese Beobachtungen auch auf Oud-Mathenesse anwenden. Oud gelingt hier eine menschenfreundliche Umgebung, die der Identität des einzelnen, seinem Anspruch auf eine private Sphäre wie auch seiner Zugehörigkeit zu einer begrenzten Gruppe respektvoll Rechnung trägt. Im Rahmen der oben erwähnten finanziellen Möglichkeiten und planerischen Erwägungen stellt Oud-Mathenesse die bislang reifste Leistung des Architekten auf dem Sektor des sozialen Wohnungsbaus dar.

Auch formal gesehen ist die Siedlung geglückt. Die optische Komplexität, das feine Detail kann man nur an Ort und Stelle voll würdigen. Innerhalb weniger Meter öffnen sich neue Ausblicke auf Straßen oder Plätze, die Monotonie der modernen Siedlung ist erfolgreich vermieden. Die Aufrisse der standardisierten Einheiten verraten äußerste Sorgfalt bis in die kleinste Einzelheit. Man muß schon die Abfolge von gelben Ziegelbahnen am Haussockel, weiß gekalkten Mauern, farbigen Türen und Fensterrahmen und abschließendem Rot der Dachpfannen sehr langsam lesen, um die ungewöhnliche Qualität zu erkennen (Abb. 44). In der Ausformung der Schornsteine in den Eckhäusern wird deutlich, zu welchem visuellen Raffinement Oud fähig war. Hitchcock hat den schönen Vergleich geprägt, daß es sich in Oud-Mathenesse um eine Architektur handelt, die aus Vermeers Bildern stammen könnte.

Tatsächlich verwirklicht Oud gerade in bezug auf die Farbgebung einige Gedankengänge, die er 1921 in dem schon zitierten Aufsatz ›Über die zukünftige Baukunst . . .‹ formuliert hatte. Aufgrund seiner Erfahrungen in Spangen und Tusschen-

43
Oud-Mathenesse-
Siedlung.
Rotterdam, 1922

44
Oud-Mathenesse-
Siedlung,
Teilansicht.
Rotterdam, 1922

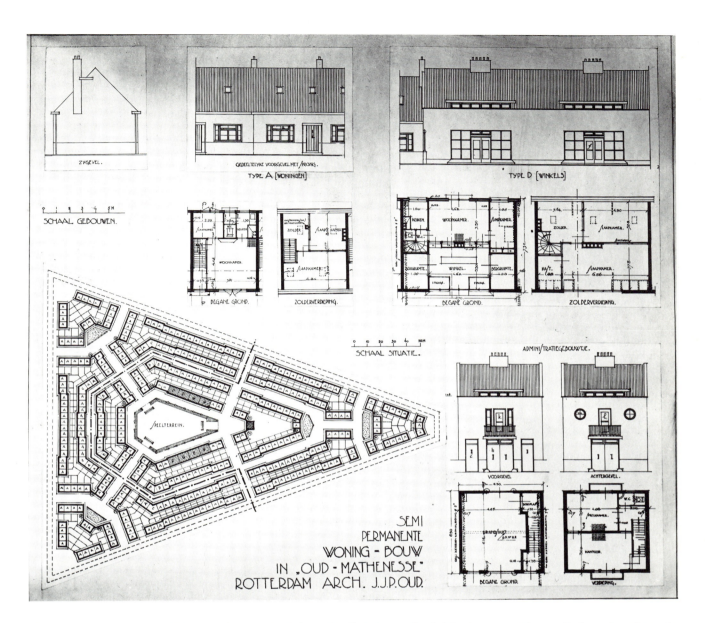

45
Oud-Mathenesse-
Siedlung. Gesamtplan,
Grund- und Aufrisse.
Rotterdam, 1922

dijken steht er jetzt dem Backstein recht kritisch gegenüber: ›Reine, leuchtende Farbe bleibt einem derartigen Hintergrund gegenüber ohne Wirkung. Sie fällt heraus oder wird durch die überwiegende Grauheit [des Backsteins] unterdrückt.‹ Demgegenüber hebt Oud die sich noch entwickelnden Möglichkeiten der verputzten oder betonierten Wand hervor, die er zum ersten Mal in Oud-Mathenesse in der Wirklichkeit erproben konnte: ›Besonders aber die in immer kürzeren Zwischenpausen auftretenden Erfindungen zur glatten hellfarbigen Bearbeitung von Putz- und Betonoberflächen eröffnen so bedeutende Aussichten für die Entwicklung der Farbe in der Baukunst, daß sie in Zusammenwirkung mit den neuen Formmöglichkeiten den Gesamtaspekt der Architektur vollständig verändern können.‹[99] Dem stimmt Adolf Meyer in einem Brief vom April 1922 zu: ›Was Sie über das Verhältnis der Farbe zur Architektur schreiben, ist mir aus der Seele gesprochen. Die Malerei wird überhaupt viel zu wichtig genommen zum Schaden des rein Architektonischen.‹[100] Man darf sagen, daß die Siedlung Oud-Mathenesse

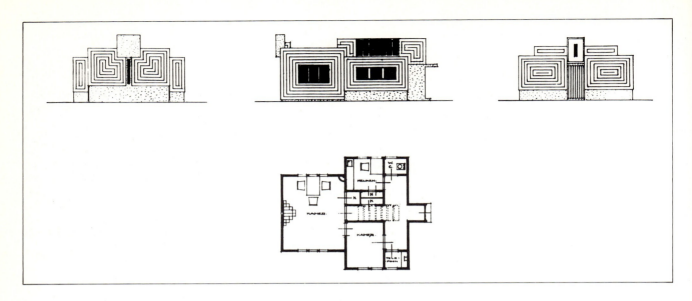

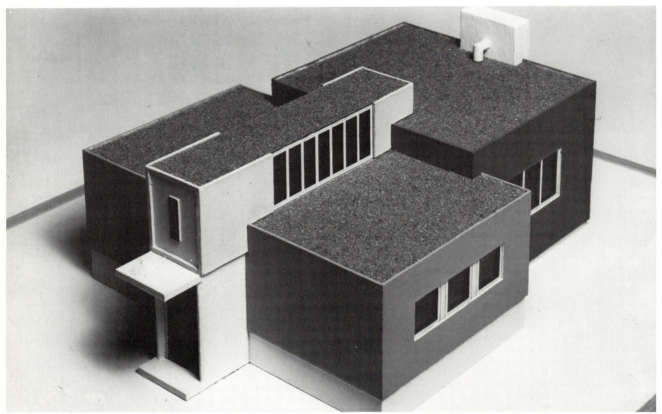

trotz einigen konservativen Aspekten für die Entwicklung des Architekten in Richtung Hoek van Holland und Stuttgart weit wichtiger war als seine Blöcke in Spangen und Tusschendijken.

Die Siedlung wurde 1923 errichtet *(Abb. 46–48)*. Das Bauleitungsgebäude zeigt, zu welcher Virtuosität und Eleganz sich Oud steigern konnte, wenn er sich frei entfalten durfte. Das Gebäude bestand aus recht einfachen Kuben, die symmetrisch ineinander verzahnt und in den De Stijl-Farben gestrichen wurden. Man

46
Oud-Mathenesse-
Siedlung,
Grund- und Aufrisse
des Bauleitungsgebäudes.
Rotterdam, 1923

47
Oud-Mathenesse-
Siedlung,
Modell des Gebäudes
der Bauleitung.
Rotterdam, 1923

48
Oud-Mathenesse-
Siedlung,
Bauleitungsgebäude,
Wandrelief
im Hauptraum, zerstört.
Rotterdam, 1923

betrat einen kurzen, kreuzförmigen Flur, von dem aus der Blick auf den Hauptarbeitsraum mit beherrschendem Relief fiel. Der kleine Bau macht instruktiv den
Unterschied deutlich zwischen einer aus konkreten Bedürfnissen entwickelten,
aber formal durchaus bewußten Architektur und den abstrakt-ästhetischen Experimenten der sogenannten Weimarer Modelle van Doesburgs und van Esterens aus
dem gleichen Zeitraum 1922/1923. In Rotterdam findet man ein brauchbares
Bauwerk, das ästhetisch bis zum Äußersten verfeinert wird, in Weimar wird über
Probleme spekuliert, die sich vorläufig nicht an der Wirklichkeit des Raumes, der
Materialien und der Farbe zu messen haben. Das in den Fachzeitschriften der Zeit
stark beachtete Gebäude muß neben dem Purmerender Fabrikprojekt auch als
Vorläufer des zwar konsequenteren, aber letztlich überschätzten Schröder-Hauses

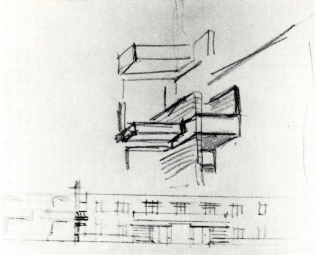

gewertet werden und stellt die Weiterentwicklung des im Kallenbach-Projekt zuerst gefundenen kubischen Gestaltens in neuer Plastizität und Komplexität dar. Auf bestimmte Aspekte des Gebäudes muß im folgenden Kapitel noch einmal hingewiesen werden.

1924 entstanden die Pläne für Hoek van Holland, die aber erst 1926/1927 verwirklicht wurden (Abb. 49–53). Für viele ist diese Häuserzeile eine der bedeutendsten Leistungen Ouds in den zwanziger Jahren. So spricht Hitchcock 1929 ›vom vielleicht schönsten Monument der modernen Architektur‹; Philip Johnson sieht 1932 die ›subtil verfeinerten Arbeiterhäuser in Hoek van Holland‹, und auch Benevolo und Whittick äußern später ähnliches Lob[100]. Man darf nicht verkennen, daß die beiden identischen Wohnblöcke als Teil eines größeren Siedlungsprojekts entworfen wurden, das nie zur Ausführung kam. Dies erklärt die etwas seltsame städtebauliche Situation im heutigen Hoek van Holland, in dem sich die Häuserzeile ohne erkennbare Beziehung zu ihrer architektonischen Nachbarschaft befindet. Nur wenn man sich Zeichnungen wie Abbildung 50 vor Augen hält, wird Ouds Aufrißgestaltung der Rück- und Schmalseiten verständlich, die mit Blick auf architektonische Pendants Gestalt annahmen.

Jeder Block enthält zwei Reihen übereinanderliegender Wohnungen, die von runden Eckpavillons begrenzt werden. Das Gitterwerk im Obergeschoß und das

49
Hoek-van-Holland-
Siedlung,
Skizzen für Ecklösung.
1924

50
Hoek-van-Holland-
Siedlung,
Zwischenstufe. 1924

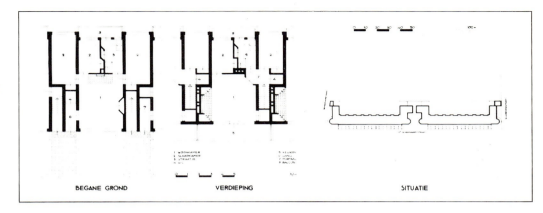

BEGANE GROND   VERDIEPING   SITUATIE

Mauersegment im Erdgeschoß verdeutlichen die visuelle wie auch architektonische Maßeinheit, die in bedächtigem Rhythmus über die Fassade fließt und an den Ecken in sich zurückschlägt. Die herrschende Horizontalität entwickelt sich konsequent über mehrere Stufen aus der Straßenebene, ohne daß ihr gleichwertige senkrechte Akzente im Sinne Wrights entgegengesetzt werden. Was Oud 1925 als Übereinstimmung zwischen dem europäischen Kubismus und Wright herausstellte, das ›Zergliedern der Baukörper und Wiederaufbauen ihrer Teile, im allgemeinen ein Streben nach Zusammenfassung vieler kleiner – anfangs durch Auseinandernehmen erhaltener – Stücke zu einem Ganzen‹, ist hier nicht mehr gewollt. Die nuancenreiche Großform erstreckt sich vielmehr wie eine breit rollende Welle des nahen Meeres. Neben der programmatischen Verwendung aller Merkmale der neuen Architektur wie Flachdach, horizontale Fenster in leichten Metallrahmen, verputzte Wandflächen und große Glasformen bestechen vor allem die sorgfältig gesetzten vielfarbigen Akzente, die sich aus der Farbgebung für Oud-Mathenesse ableiten lassen. Dazu kommt die Stilisierung von Straßenlampen und Balkongittern, die dekorative Elemente abstrakter Dimension in die Architekturkomposition hineintragen (Abb. 52, 53). Der Architekt hat lange um die Formgebung gerungen. Eine Vielzahl von Skizzen beschäftigt sich immer erneut mit dem Problem der Ecklösung, das oft im Sinne des De Stijl-Vokabulars analysiert wird, dann wieder in Rundformen Gestaltung erfährt.

Die Grundrisse weichen von den bislang erwähnten Schemata durch die Gruppierung der Schlafräume um die Küche etwas ab. Der Wohnkomfort ließe sich aus heutiger Sicht wohl verbessern, entsprach aber durchaus den besten Lösungen im damaligen holländischen sozialen Wohnungsbau.

Der von Oud ersehnte, nicht historische Klassizismus ist dem Architekten am vollendetsten in dem puristischen, aber dennoch raffiniert verfeinerten Bau für Hoek van Holland gelungen. Das bewundernde Urteil der Zeitgenossen ergibt sich aus einem Brief von Philip Johnson vom 16. April 1932: ›Es ist sehr interessant, daß Du und Mies van der Rohe die beiden europäischen Architekten sind, die den meisten Beifall in unserer Ausstellung erhielten. Du weitgehend auf Grund Deiner Arbeit als Wohnungsbauarchitekt in Hoek van Holland und Mies van der Rohe weitgehend wegen der luxuriösen Ausführung des Tugendhat-Hauses.‹[102]
1925 entwarf Oud die Pläne für das Café De Unie (Abb. 54). Der Bau sollte nur zehn Jahre Bestand haben und war daher weitgehend aus Holz und Putz gefertigt. Er existierte jedoch noch 1940 und wurde erst durch Kriegseinwirkungen zerstört.

52
Hoek-van-Holland-
Siedlung,
Teilansicht. 1924

53
Hoek-van-Holland-
Siedlung,
Straßenansicht. 1924

54
Café De Unie,
Rotterdam,
1925. Zerstört

Jüngste Anregungen, dieses architektonische Juwel wieder aufzubauen – wie es ähnlich mit Le Corbusiers Pavillon in Bologna geschehen ist –, sollten verwirklicht werden.

Der Baumeister kam nach einer Analyse der örtlichen Gegebenheiten zu dem Schluß, daß nur eine Art architektonischer Schocktherapie seinem Gebäude die nötige Aufmerksamkeit sichern könnte. Das Baugelände am Coolsingel in Rotterdam lag zwischen zwei mächtigen Blöcken historisierender Architektur eingespannt. Der Entwurf zeigt die Absicht, durch den Einsatz farblicher und typographischer Mittel den Ernst des Straßenzugs optisch zu sprengen. Dies gelang Oud vortrefflich, wie aus den erregten Reaktionen einiger Rotterdamer in der Lokalpresse zu ersehen ist. Die in den De Stijl-Farben gehaltene Fassade mit einer Betonung des Rot im Rechteck unmittelbar unter den Worten ›De Unie‹ und die meisterhafte Anordnung der Wortzeilen waren von aufsehenerregender visueller Wirkung. Wie schon in der Bauleitungshütte des Jahres 1923 zeigt Oud erneut eine virtuose Handhabung des De Stijl-Kanons. Das Café De Unie stellt wohl Ouds interessanteste Schöpfung vor 1930 dar und hat zweifellos Rietvelds Kinofassade für Utrecht aus dem Jahr 1936 beeinflußt[103]. Übersetzt man das nuancierte Wandrelief in dreidimensionale Formen, so glaubt man zu erkennen, daß auch die räumliche Ausbreitung des Dessauer Bauhausgebäudes von dieser Rotterdamer Fassade profitiert hat.

Die Pläne für die Siedlung De Kiefhoek (Abb. 55), jenseits der Maas am südlichen Stadtrand Rotterdams gelegen, wurden 1925 ausgearbeitet. Die 296 Wohnungen für kinderreiche Familien, zwei Läden, zwei Werkstätten sowie ein Verwaltungsgebäude und die bekannte Kirche konnten jedoch erst von 1928 bis 1930 errichtet werden. Ein von Oud nach dem Zweiten Weltkrieg entworfenes Bibliotheksgebäude ist nie ausgeführt worden[104].

Die große Bedeutung der Siedlung ist fast durchgängig anerkannt worden; Joedicke hat den Komplex als ›das Lehrbeispiel des Siedlungsbaus der zwanziger Jahre‹ bezeichnet; Jaffé sah in ihm Ouds reifste funktionalistische Leistung, und Benevolo wertete das Viertel als ›eines der überzeugendsten Werke des sogenannten Funktionalismus‹. In jüngster Zeit haben sich Tafuri und Dal Co mit einer etwas unentschiedenen Kritik geäußert[105].

Der unregelmäßige Bauplatz war durch ältere Bebauungen und einen Kanal begrenzt und bot wenig Möglichkeiten für eine städtebauliche Integration. Ouds Gesamtplan muß denn auch, aus der Ideologie der Zeit heraus verstanden, als gewollte Konfrontation zwischen Altem und Neuem gelesen werden; dies ist noch heute spürbar. Es soll jedoch nicht geleugnet werden, daß eine integrierende und in sich gestaffelte Städteplanung, etwa im Sinne des Spangener Blocks von Brinkman, nicht Ouds Stärke war.

Die typisierten Wohnungen wurden mit sparsamstem finanziellen Aufwand erstellt; der Normaltyp kostete nur 2400 Gulden. Trotz dem beengten Terrain verzichtete Oud nicht auf den traditionellen Garten. Die Grundstücke wurden allerdings durch Mauern abgeschirmt, da der Architekt eine Beeinträchtigung des Gesamtbildes durch eine unterschiedliche Gartengestaltung vermeiden wollte. In der Gesamtplanung verstieß Oud bewußt gegen die herrschende Doktrin des Städtebaues, allen Häusern ein Höchstmaß an Sonnenlicht zu sichern. Konsequente Straßenzüge und erlebbare Raumgestaltung waren dem Architekten wich-

55
De Kiefhoek-Siedlung.
Rotterdam, 1925

56
De Kiefhoek-Siedlung,
Teilansicht.
Rotterdam, 1925

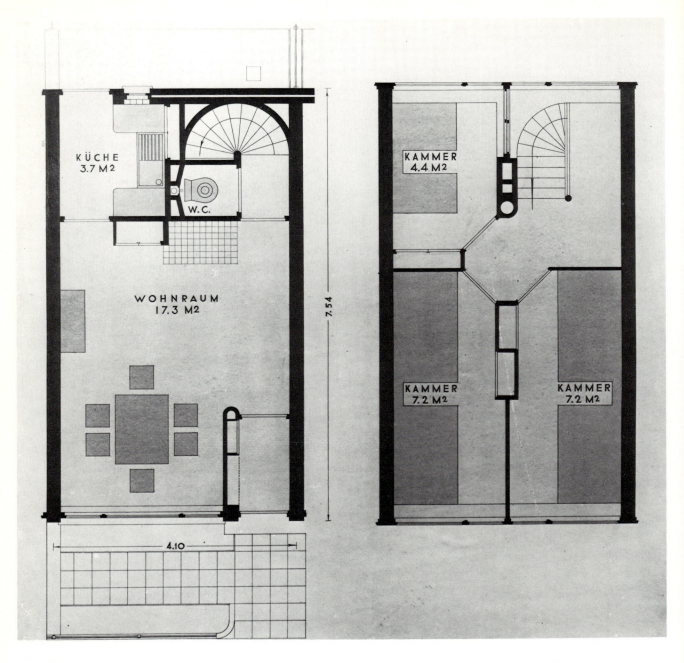

KÜCHE
3.7 M2

W.C.

WOHNRAUM
17.3 M2

7.54

4.10

KAMMER
4.4 M2

KAMMER
7.2 M2

KAMMER
7.2 M2

tiger. Innerhalb eines Straßenzuges ist wieder ein Höchstmaß an Subtilität im Detail erreicht.

Die zweistöckigen Reihenhäuser mit drei Schlafräumen im Obergeschoß und Wohnraum, Küche und WC im Erdgeschoß sind nur 4,10 m breit und bieten knapp 40 qm Wohnfläche ohne Flure und Treppenhaus *(Abb. 56, 57)*. Äußerste Sparsamkeit war von der Regierung gefordert, die Dusche und Waschbecken im Obergeschoß und Durchreiche im Erdgeschoß strich. Infolge des durchlaufenden Bandes der Obergeschoßfenster und des folgenden verputzten Wandstreifens wirken die Reihenhäuser wie einheitliche Gebäude mit stark horizontaler Ausrichtung. Halbrunde Balkone als Eckakzente oder abgerundete Geschäftsgebäude verraten wieder die große formale Sorgfalt, die sich auch in der nuancenreich einge-

57
De Kiefhoek-Siedlung,
Grundrisse
des Normaltyps.
Rotterdam, 1925

58
De Kiefhoek-Siedlung,
Kirche.
Rotterdam, 1925

setzten Farbe ausspricht. Gelbe Ziegelverkleidung in der Sockelzone, graue Fensterrahmen der Wohnzimmer und rote Türen werden vom Weiß des Wandstreifens und den gelben Rahmen der Obergeschoßfenster überfangen.

Auf dem zweiten CIAM-Kongreß wurde das Problem der Minimalwohnung als zentrales Thema behandelt. Oud hatte bereits 1925 mit De Kiefhoek einen anspruchsvollen Qualitätsmaßstab für dieses Arbeitsgebiet gesetzt.

In der De Kiefhoek-Kirche *(Abb. 58),* im gleichen Jahr entworfen, bot sich dem Baumeister die Gelegenheit, mit größerer Freiheit vorzugehen, als dies in der Siedlung möglich war. Am Haupteingang zu dem Komplex gelegen, sollte das Gebäude wohl ein ästhetisches Leitmotiv werden. Hitchcock bemerkt bereits 1932, daß die Buchstabenführung auf der Eingangsseite einfallslos wirke. Hier ist sicherlich eine gute Möglichkeit ungenutzt geblieben. Auch besitzt diese Seite nicht die gleiche architektonische Spannung und Qualität wie die Längsseite der Kirche (Abbildung 58). Das komplexe Spiel der auf den Schornstein zulaufenden Horizontalen zusammen mit der unterschiedlichen Fensterbehandlung in den verschiedenen Stockwerken stellt eine außerordentlich gelungene Architekturkomposition der ersten Hälfte der zwanziger Jahre dar.

Der Künstler publizierte 1925 seine Aphorismen ›Ja und Nein. Bekenntnisse eines Architekten‹ [106]. Die Sentenzen zeigen, wie weit sich Oud bereits von den radikalen Positionen des Jahres 1917, die in dem Aufsatz ›Kunst und Maschine‹ gipfelten, entfernt hatte. Oud bekennt sich zwar grundsätzlich zur Technik, zur modernen Kunst, zum Rationalismus und zu anderen Grundpositionen der Moderne, er steht diesen aber jetzt unabhängiger, ausgewogener und kritischer gegenüber.

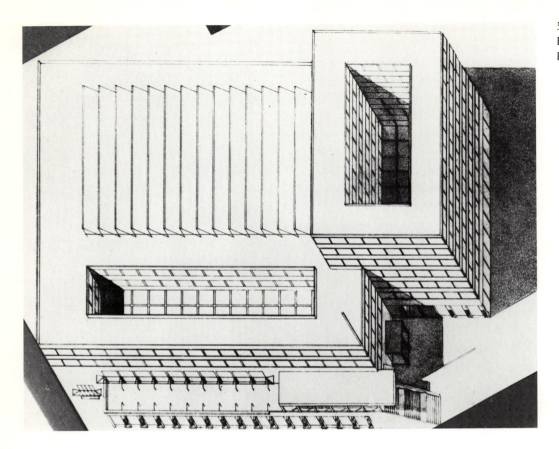

Kaum verhohlen wendet er sich gegen Le Corbusier und gegen Auswüchse von De Stijl, wie er überhaupt bemüht scheint, sich von den zu leichten, gängigen Konzeptionen seiner Zeitgenossen abzugrenzen. Man bemerkt seine ärgerliche Unzufriedenheit, wenn er ›die manirierte Oberflächlichkeit‹ in den Arbeiten einiger Künstler tadelt. Auch behandelt er die Frage des Standards hier wie auch in dem 1927 publizierten Aufsatz ›Wohin führt das Neue Bauen?‹ mit großer Vorsicht und ist dem ›Feldgeschrei 'Rationalisierung und Typisierung'‹, wie Mies van der Rohe es im gleichen Jahr definiert, ebenso abgeneigt wie sein deutscher Kollege[107]. Die Sentenzen lassen erste Zweifel an der Entwicklung des modernen Bauens im Sinne des Funktionalismus erkennen. Oud wird sich in den nächsten Jahren behutsam aber stetig vom internationalen Stil entfernen.

Die Ablehnung seines Projekts für die Rotterdamer Börse *(Abb. 59)* war für den Rotterdamer Stadtbaumeister ein schwerer Schlag; nicht allein die künstlerische Niederlage schmerzte. Die Tatsache, daß Berlage, die langverehrte Vaterfigur, in der Kommission saß und offensichtlich einen höchst mittelmäßigen Entwurf Staals unterstützte, der in der Überarbeitung auch noch Elemente aus Ouds Vorschlag ›entlehnte‹, war besonders verletzend. Wie tief Oud dieses Ereignis traf, kann man daraus ersehen, daß er sich wenige Monate später für drei Jahre nach Kijkduin zurückziehen mußte, da seine Nervenkraft erheblich gelitten hatte. Hier scheinen mehr als künstlerische Differenzen mitgewirkt zu haben. Ouds freundschaftliche Beziehungen zu Berlages Tochter während der Amsterdamer Studienjahre hatten wohl in dem herrisch verschlossenen Protestanten Berlage, wie ihn Helene Kröller-Müller einmal bezeichnet hat, gewisse Erwartungen ausgelöst, die unerfüllt blieben. Es gibt Anzeichen, daß Anlässe dieser Art Berlages unerklärliche Entscheidung in Sachen Rotterdamer Börse beeinflußt haben, eine Entscheidung, die den sensiblen Oud nachhaltig erschütterte.

Dieses monumentale Projekt des Jahres 1926, das mit wenigen klaren Kuben die Architektur gliedert, war von großer Qualität und auch städtebaulich konsequent und angemessen. Die mit Aluminiumrahmen gefaßten Fensterbänder saßen in Betonbahnen. Alle Formen sind knapp und präzis, zuweilen, wie in den Aufrissen der Innenhöfe, fast zu spröde. Der Nüchternheit der in diesem Gebäude abrollenden Transaktionen war das sparsame Architekturvokabular mit Einfühlung angepaßt. Gropius zeigte sich bei seinem Besuch im Frühjahr 1927 in Rotterdam von Ouds Plänen derart beeindruckt, daß er brieflich mehrere Versuche unternahm, den Vorschlag doch noch verwirklichen zu lassen[108]. Ohne Ouds Leistung schmälern zu wollen, ist der Verfasser der Ansicht, daß die Wettbewerbsentwürfe von Max Taut sowie von Hans und Wassili Luckhardt für die Werkzeugfabrik ›Norma‹ aus dem Jahr 1923 sowie der 1922 vollendete Plan von M. Luz für den Börsenhof Oud vielleicht angeregt haben. Alle Projekte wurden von Adolf Behne in seinem Buch ›Der moderne Zweckbau‹ 1926 publiziert; das Manuskript war jedoch schon 1923 fertig. Behne konnte aber keinen Verleger finden, und bei den guten Beziehungen zwischen Behne und Oud, die sich seit 1920 persönlich kannten, kann es kaum einen Zweifel geben, daß Oud mit dem Manuskript vertraut war, das bezeichnenderweise mit einem langen Zitat aus seinen Schriften endet[109].

Der Deutsche Werkbund hatte auf seiner Tagung des Jahres 1925 den Beschluß gefaßt, auf einer Ausstellung in Stuttgart das Problem der Wohnung zu behandeln. Die Verwirklichung dieses Plans wurde Mies van der Rohe übertragen. Am 29. Juli 1926 billigte der Gemeinderat der Stadt Stuttgart diesen Vorschlag, und Mies van der Rohe lud, so darf man wohl sagen, die Elite der modernen europäischen Architekten ein, entsprechende Pläne auszuarbeiten. Unter ihnen befand sich auch Oud. Am 1. März 1927 wurde der erste Spatenstich auf dem Gelände am Weißenhof getan.

In einer kurzen Bemerkung hatte Mies van der Rohe den Grundgedanken dieses Experiments, wie er die Ausstellung selbst bezeichnete, formuliert: ›Das Feldgeschrei 'Rationalisierung und Typisierung' und auch der Ruf nach der Wirtschaftlichkeit des Wohnbetriebes trifft nur Teilprobleme, die zwar sehr wichtig sind, aber nur dann eine wirkliche Bedeutung erlangen, wenn sie in der richtigen Proportion stehen. Neben oder besser über diesen steht das räumliche Problem, die Schaffung einer neuen Wohnung. Das ist ein geistiges Problem, das nur mit schöpferischer Kraft, nicht aber mit rechnerischen oder organi[satori]schen Mitteln zu lösen ist.‹[110] Diese Überzeugung des Ausstellungsleiters, daß die Frage der Wohnung primär mit der schöpferischen Kraft, mit der geistigen Anspannung des Architekten zu tun hat, entsprach vollständig den Ansichten Ouds. Es ist daher nicht verwunderlich, daß sich beide Architekten bis zur Auswanderung Mies van der Rohes nach Amerika auch in schwierigen Zeiten sehr schätzten. So schreibt etwa Lilly Reich, die Lebensgefährtin Mies van der Rohes, im Jahre 1935 an Oud: ›Bei Mies haben wir jetzt das Projekt für ein kleineres Wohnhaus bearbeitet; ob es zur Ausführung kommt, ist noch ungewiß .. eine solche Situation ist nicht schön, aber wir wissen so gar nicht, wie wir sie ändern könnten. Es ist traurig, daß es auch

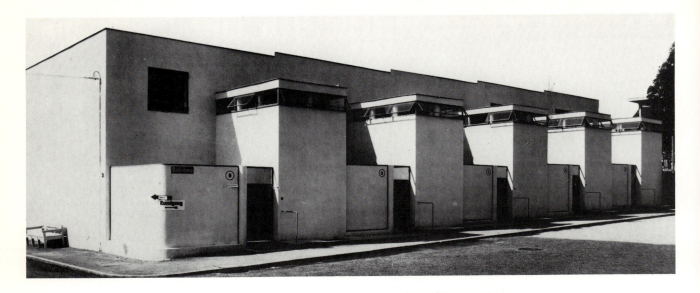

bei Ihnen nicht viel anders ist. In welch eine schwierige Zeit sind wir hineingeboren.‹[111]

Von vielen zeitgenössischen Kritikern wird hervorgehoben, daß Ouds Beitrag zur Weißenhof-Siedlung *(Abb. 60, 61)* vielleicht nicht die brillanteste, sicherlich aber diejenige Leistung ist, die sich am genauesten an das Ausstellungsprogramm gehalten hat, nämlich mit einem minimalen Kosten- und Platzaufwand eine Wohnung von architektonischer Qualität zu erstellen. Seine fünf Reihenhäuser aus

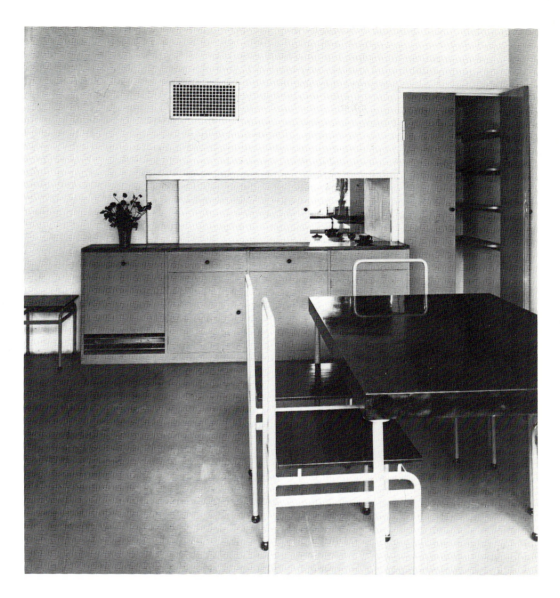

62
Weißenhof-Siedlung,
Wohnzimmer
in den Reihenhäusern
mit Oud-Möbeln.
Stuttgart, 1927

Gußbeton, von denen eines vollständig möbliert war, beeindruckte durch die sorgfältige Grundrißführung und den schönen Kontrast zwischen Straßen- und Gartenfassade.

Die Gliederung der Straßenfassade erinnert an das Strandboulevardprojekt von 1917 *(Abb. 16, 19)* in der rhythmischen Anordnung von kubischen Einheiten. Nur ist die Linienführung hier von der Dachlinie über den auftretenden Wechsel von scharfen Kanten und abgerundeten Ecken zum Kontrastmotiv zwischen offener Hofform und geschlossenem Nutztrakt fesselnder, fast möchte man sagen, sinnlicher geworden. Auf der Gartenseite kann Oud dann seine ganze Erfahrung in der raffinierten Ausbildung des Details ausspielen *(Abb. 61–64)*. Der Nutztrakt umfaßt den Innenhof, beide Elemente bieten eine wesentliche Entlastung für einen kinderreichen Haushalt. Die wohl persönlichste Beurteilung dieses Werks – weitere fünfzig ließen sich mühelos nachweisen – hat Giedion in einem Brief an Oud (Oktober 1927) abgegeben: ›Eine Huldigungsadresse trotz der 'Pissoirwand', die keiner begriffen hat – warum nicht Drahtglas? – vor der Küche. Sie haben nämlich

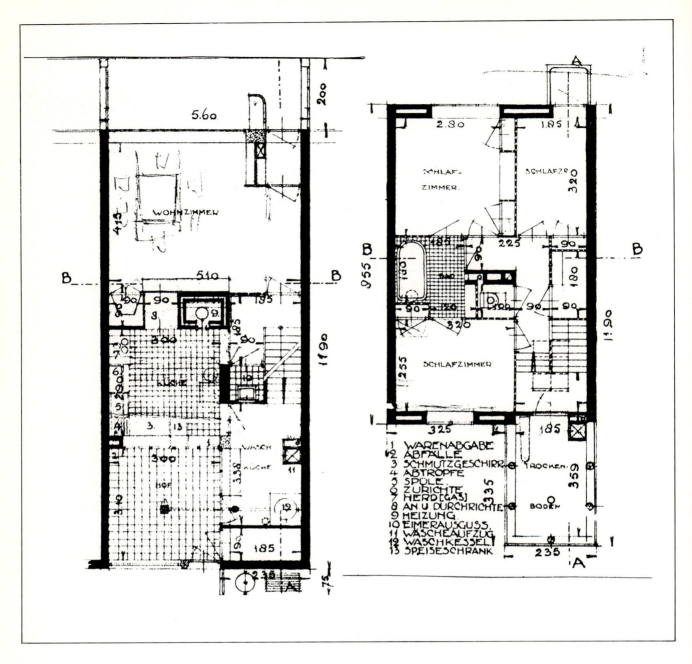

in gewissem Sinn in Stuttgart den Vogel abgeschossen. – Ich liebe Ihren Trocken-
raum – Sie sind nämlich der einzige Baumeister, der formulieren kann, und hinter
dem doch die Erfahrung der Praxis steht, die den anderen im seriellen Wohnungsbau einfach fehlt. Wieviel Wohnungen haben Sie gebaut? Zweitausend? Man
spürt hinter jedem Detail die überlegte Erfahrung, das gebrannte Kind, das zur
Synthese weiterschreitet, anstatt zur Routine. Lieber Oud, man spürt den Menschen, und darnach haben wir heute wieder ein Verlangen wie nach einer war-
men Frau. Sind wir Spießer? Oh, nein. Biologen sind wir.‹[112] Eindringlicher kann
man Ouds Leistung in der Weißenhof-Siedlung kaum schildern.
Oud verläßt hier die klassisch-einfache Form seiner Arbeiten für Hoek van Holland und De Kiefhoek und wird von nun an in einer weiterhin präzisen, aber

63
Weißenhof-Siedlung,
Reihenhäuser,
Erdgeschoß-Grundriß.
Stuttgart, 1927

64
Weißenhof-Siedlung,
Reihenhäuser,
Obergeschoß-Grundriß.
Stuttgart, 1927.

88

komplexeren Architektursprache auftreten. Sembach hat diese fast durchgängig zu beobachtende Abkehr von den Prinzipien der frühen und mittleren zwanziger Jahre als ›Stil 1930‹[113] bezeichnet, der für die nächsten zehn Jahre Ouds Schaffen charakterisieren wird.

1927 nimmt Oud auch die Erweiterung der Villa Allegonda *(Abb. 17, 18)* vor, deren Bedeutung Philip Johnson in einem bereits erwähnten Brief gewürdigt hat. Diese Umbaupläne sollten für das kommende Jahrzehnt die einzigen Entwürfe bleiben, die auch tatsächlich realisiert wurden. Die Jahre der baulichen Tatenlosigkeit, die Oud mit vielen Kollegen, wenn auch nicht so extrem wie in seinem Fall, teilte, bringen zwar ehrenvolle Anerkennung, sind aber auch von schweren persönlichen und künstlerischen Krisen gezeichnet.

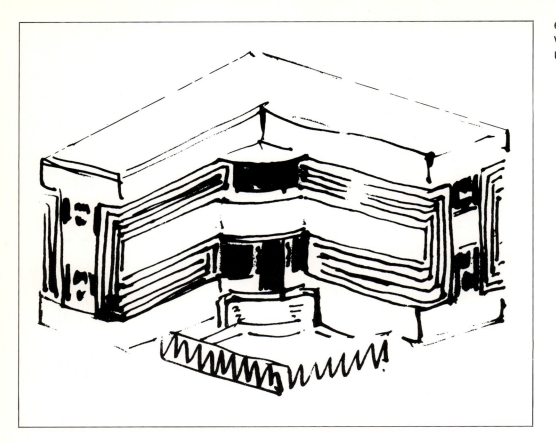

Die unbekannten Werke

Neben den klassischen und bekannten Arbeiten findet sich eine Anzahl von Entwürfen und Projekten, in denen Oud andere Wege geht. In diesen weithin unbekannten Versuchen spricht sich der ganze Formenreichtum aus, zu dem der Architekt fähig war. Hier durften sich jene phantasievollen Qualitäten frei entfalten, die
sich in der strengen Zucht des aus einem asketischen Kubismus entwickelten
Vokabulars nicht hatten entwickeln können. Dabei werden Anregungen aus der
Welt der expressionistischen Architektur, mit der sich Oud noch 1921 direkt
auseinandersetzte, eine befreiende Wirkung gehabt haben. Dies ist in einem allgemeinen Sinn gemeint und bedeutet nicht, daß man Oud zu irgendeinem Zeitpunkt
seiner Laufbahn in die Nähe der expressionistischen Schulen rücken dürfte.
Immerhin gab es aber Kontakte und persönliche Begegnungen. So schreibt Oud an
Behne am 18. Mai 1921: ›Die Dichtung Scheerbarts habe ich mit Vergnügen und
Interesse gelesen. Ragt aber die reelle Bedeutung, welche Taut ihr zuerkannt hat,
nicht über ihre eigentliche Bedeutung empor?‹[114]
Neben der erstaunlichen Tatsache, daß Oud zum Zeitpunkt einer intensiven, aber
noch freundschaftlichen Korrespondenz mit dem in Weimar lebenden van Does-
burg und unmittelbar nach dem Entwurf seiner Tusschendijken-Blöcke Gefallen
an Scheerbart findet, ist auch der Hinweis auf Tauts Publikationen von Bedeutung.
Der führende Architekt der De Stijl-Gruppe als Leser von Tauts Berliner ›Frühlicht‹, das ist eine durchaus nicht selbstverständliche Vorstellung.
Ein wenig später, im September 1921, sendet Oud folgende Notiz an Behne, den

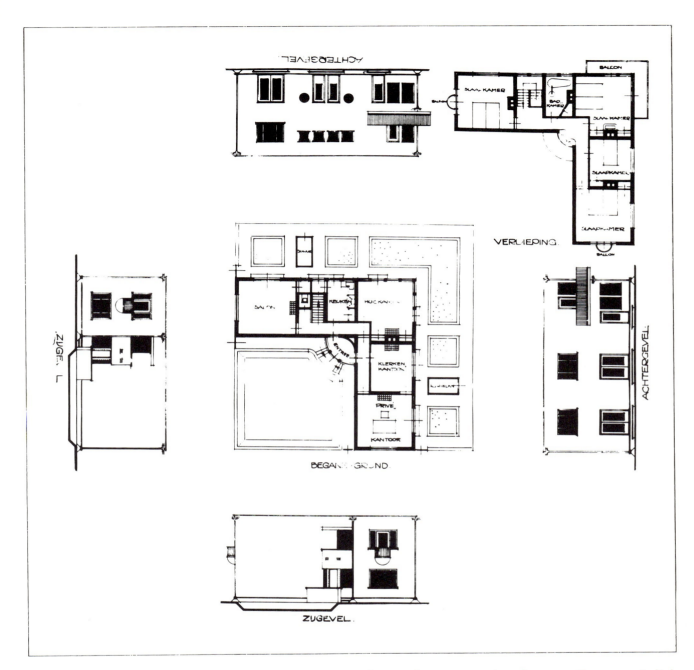

66
Wohnhaus, Projekt.
Um 1922

er seit einem Rotterdamer Besuch im Jahre 1920, wie schon erwähnt, persönlich gut kannte: ›Ich sah in einer illustrierten Zeitung eine Abbildung des Einsteinturmes nach seiner Vollendung; dieser gefällt mir doch aber sehr wenig; die Skizzen waren m. E. viel interessanter als jetzt das ausgeführte Gebäude. Besonders die Stellung der Fenster mit der dicken Sprosse ist mir zu gesucht und zu wenig selbstverständlich, wie ich überhaupt zu viel Gesuchtes in dieser Architektur finde.‹[115] Ouds noch negative Einstellung sollte sich zwei Jahre später gegenüber Mendelsohn ändern. Es findet sich in der Literatur wiederholt die Behauptung, daß Mendelsohn bereits 1919 in Holland war und deutlich zwischen den architektonischen Schulen von Amsterdam und Rotterdam unterschieden hat. Als Beweis dafür wird ein Brief an seine Frau zitiert[116]. Es liegt hier wohl einer dieser uner-

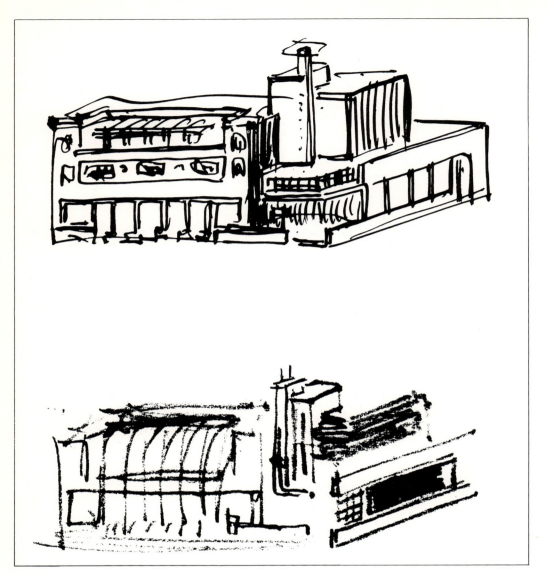

gründlichen Fehler vor, die jedem einmal unterlaufen, denn der zitierte Brief ist eindeutig vom 19. August 1923 datiert. Es gibt keinen Anhaltspunkt dafür, daß Mendelsohn vor November 1923, und dann als Gast von Oud, in Rotterdam war. Außerdem hätte er 1919 gar nicht die architektonischen Urteile, die der Brief enthält, fällen können, denn er hätte in Rotterdam kaum etwas Sehenswertes vorgefunden.

Zum Zeitpunkt der obigen Notiz an Behne hatte Oud Bruno Taut wohl bereits im Rahmen einer Reise nach Berlin wegen des Kallenbach-Projekts kennengelernt. Nach dessen Ernennung zum Magdeburger Stadtplaner gab er die Zeitschrift ›Frühlicht‹ in neuem Format heraus. In den vier Magdeburger Heften, die zwischen Herbst 1921 und Sommer 1922 publiziert wurden, findet sich auch ein Aufsatz Ouds. Aus der frühen Korrespondenz mit Taut ragt ein vom 30. Dezember 1921 stammendes Schreiben heraus, in dem der deutsche Architekt folgende Auffassung vertritt: ›Wir, ich möchte fast sagen, alle sträuben uns gegen eine Doktrin, die allzufrüh eine gesetzmäßige Festlegung will. Wir sind der Meinung,

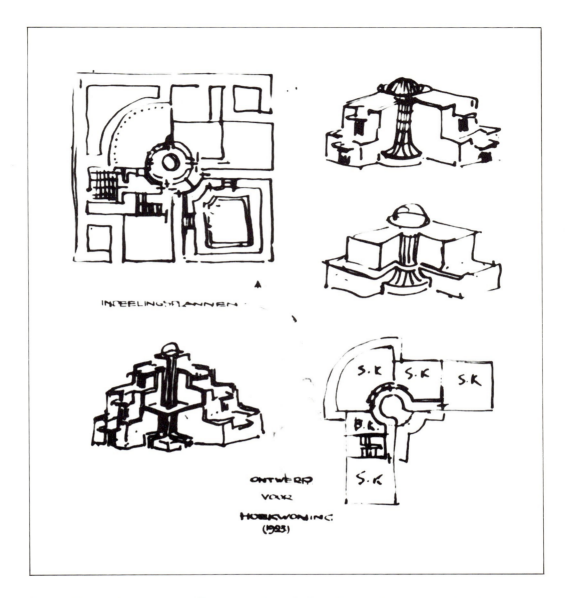

daß sich aus dem großen Fluß erst einmal die allgemeinverbindliche Auffassung ergeben kann. Es berührte mich sehr verwandt, kürzlich von Tatlin eine Äußerung zu lesen, die das 'Losungswort der Zeit, d.h. den Utilitarismus' scharf ablehnt.‹[117] Tauts Äußerungen, zieht man seine ausgezeichneten Kontakte zur Berliner Architekturwelt wie auch zum Bauhaus in Betracht, müßten für Oud eine aufschlußreiche Analyse der deutschen Situation zur Wende des Jahres 1922 gewesen sein, zu einem Zeitpunkt also, zu dem sich das Bauhaus in schweren Krisen befand. Sie könnten aber auch den ›Utilitaristen‹ Oud zu weniger puristischen Experimenten ermuntert haben, als er sie gerade im ersten Kallenbach-Projekt gewagt hatte. Ferner weist die Erwähnung von Tatlins Namen auf ein ungeklärtes Problem: die etwaige Beziehung und mögliche Anregungen zwischen der russischen Avantgarde und der De Stijl-Gruppe in den Jahren 1917 bis 1921. Es ist kaum vorstellbar, daß van Doesburg und Oud auf ihren Reisen nach Deutschland in den Jahren 1920/21 keinerlei Kenntnis der russischen Szene erhalten hätten. Oud trifft schließlich El Lissitzky 1922 persönlich in Holland. Hier wüßte man gern mehr.

Schließlich hält Oud im März 1923 einen Vortrag in Magdeburg, und Taut besuchte ihn im September des gleichen Jahres in Rotterdam und zeigt sich besonders von Tusschendijken sehr beeindruckt. Die Beziehungen zwischen beiden Architekten waren also sehr eng. Und aus Mendelsohns berühmtem Brief erfahren wir: ›Ich sprach Oud nach dem Vortrag bei einer Sitzung bei Gropius. Oud war sehr berührt von meinen Arbeiten .. und hat mich herzlich nach Rotterdam eingeladen. Sein Vortrag war ausgezeichnet, voll klaren Gehalts und architektonisch .. Ich traf ferner Taut M. und B., Behne, Döcker, Hildebrandt, Mies van der Rohe, Lissitzky, Feininger, Kandinsky und Köhler.‹[118] Also auch hier Wechselbeziehungen, die Oud nicht völlig unberührt lassen konnten. Die vorstehenden Ausführungen sollen eine Art von geistigem Horizont abstecken, in dessen Grenzen sich Oud sicherlich nicht ausschließlich, aber doch auch bewegte. Die aus diesem Spannungsfeld stammenden Anstöße können die nun folgenden Skizzen und Projekte wesentlich geprägt haben.

Eine Studie von etwa 1922 zu einem gleichseitigen, über Eck gestellten Haus (Abb. 65) muß in enger Verbindung zu dem Kallenbach-Projekt (wie auch zu Abbildung 66) stehen. Bemerkenswert ist das stark ausgeprägte dekorative Element. Wenn Hitchcock davon spricht, daß sich 1920 in Tusschendijken das letzte ornamentale Element in Ouds Werk findet, so muß diese Feststellung korrigiert werden[119]. Diese Skizze setzt vielmehr die Tendenz fort, die in Spangen und Tusschendijken begann und über die Bauleitungshütte zum Café De Unie als dekorative Strömung in Ouds Werk führen wird. Ungewöhnlich ist auch der Versuch einer optischen Negation der Ecke durch ornamentale Elemente.

Die gleiche Grundrißform taucht auch in einem wohl 1922 entworfenen Projekt (Abb. 66) für einen unbekannten holländischen Klienten auf. Oud verzichtet nun auf die ornamentalen Bänder – es gibt aber Skizzen, in denen er das Motiv weiter variiert – und arbeitet jetzt nur in der Balkonzone mit dekorativen Details. Der Grundriß verrät das Haus eines wohlhabenden Geschäftsmannes; der Eingang ist, wie schon in Abbildung 65, auf die Gartenseite gelegt.

Wahrscheinlich in den Jahren 1922/23 entsteht eine Vielzahl von Skizzen, die ein Geschäftshaus darzustellen scheinen (Abb. 67). Die reine Quantität der Studien legt die Vermutung nahe, daß es sich dabei um ein wichtiges Projekt gehandelt hat. Es ist möglich, daß diese Versuche mit der kurzfristigen Wiederbelebung des dritten Fabrikprojekts der Firma Oud, jetzt für Haarlem, in Zusammenhang stehen. Im Mai 1922 tritt D. Saal an Oud mit der Bitte heran, entsprechende Vorschläge auszuarbeiten. In den wenigstens zehn Studien, die alle als Varianten von Abbildung 67 zu denken sind, tauchen überraschenderweise erneut Anklänge an Wright auf, die jetzt mit einer von Ouds Freund Dudok inspirierten Mittelpartie vereint sind. Die unterschiedliche Bekrönung der Mittelpartie, zum Teil auch mit gläserner Halbkugel versehen, verweist auf die Nähe zu der folgenden Arbeit.

Aus dem Jahr 1923 haben sich mehrere Studien erhalten (Abb. 68, 69), in denen Oud das Problem des Eckhauses und der Eckwohnung erneut untersucht, nun aber in anderem Formengut. Die terrassenförmig gestufte Lösung fasziniert den Architekten. Neben streng rechteckigen Varianten, in denen vielleicht entfernt noch Erinnerungen des Strandboulevard-Entwurfs nachklingen, zeigen einige Skizzen eine runde, turmartige Treppenhausform mit bekrönender Glaskugel oder Glashalbkugel. Dieses Vokabular steht ohne Parallele da in Ouds Werk und ist von

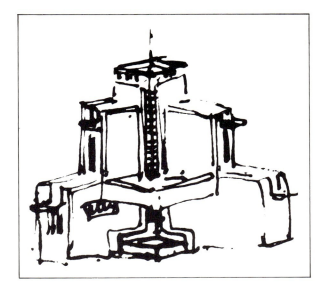

69
Eckwohnung,
Skizze. 1923

70
Transformatorenhaus,
Skizze. 1923

ihm auch nie gebaut worden. Vielleicht zeigt sich hier ein durch Ouds Temperament gefilterter Einfluß von Bruno Taut. Einige der von Taut entworfenen gestaffelten Glashäuser stehen Ouds Projekten gar nicht so fern.

Es ist auch möglich, das expressionistische Feuer, erneut mit Oudscher Disziplin gezügelt, in dem Bauleitungsgebäude für Oud-Mathenesse wiederzuerkennen (Abb. 46–48), dies jedoch nicht so sehr am Außenbau. Hier spricht sich vielmehr die Liebe zum abstrakt Dekorativen im Verbretterungsmuster aus, das die geometrische Prägnanz der kubischen Grundformen in gewisser Hinsicht lindert. Muß man nicht auch einen Widerspruch zwischen dem Glanz der Primärfarben und dem unterschwellig ›autonomen‹ Ornament der Holzverkleidung sehen? Es ging Oud hier aber wesentlich um ein reiches visuelles Erleben. Dies zeigt überzeugend der Hauptarbeitsraum. Vom Eingang fällt der Blick direkt auf ein abstraktes Motiv, das sich aus der Fußbodenzone in die Wandfläche ausbreitet, von anrollenden Horizontalkräften von beiden Seiten bedrängt wird und sich schließlich als stilisierte Flammenform fast bis zur Deckenhöhe erhebt. Von Lauwericks war die Verbretterung an den Außenseiten entlehnt. Darf man nicht in dieser reinen Zierform ein kühl manipuliertes expressionistisches Vokabular sehen, das die Innenwand fast zu vertilgen scheint?

Schließlich können aus dem Jahr 1923 einige Skizzen nachgewiesen werden (Abb. 70, 71), die als Studien für ein Transformatorenhaus die kubischen Grundelemente der Bauleitungshütte zu neuer Kompaktheit und Schwere steigern. Hier wie auch in dem nicht mit Sicherheit identifizierbaren Geschäftshaus werden auch verschiedene Dachformen – welche Lästerung im Zeitalter des neu entdeckten Flachdaches! – durchprobiert.

Mendelsohn fand in einem Brief vom 19. August 1923 aus Herrlingen an seine Frau die eindrucksvollen Worte: ›Amsterdam ist treulos, verläßt um zeichnerischer, gemütvoller, romantischer Nebensächlichkeiten willen das eben Gefundene, verliert sich in modernen vielfältigen Spielereien. Nur das Einfache kann kollektiv begriffen werden, das Individuelle bleibt letzten Endes bedeutungslos. Hier scheint mir ein begreiflicher Kampfirrtum Ouds erkennbar zu sein. Oud ist, um mit Gropius zu reden, funktionell. Amsterdam ist dynamisch. Eine Vereini-

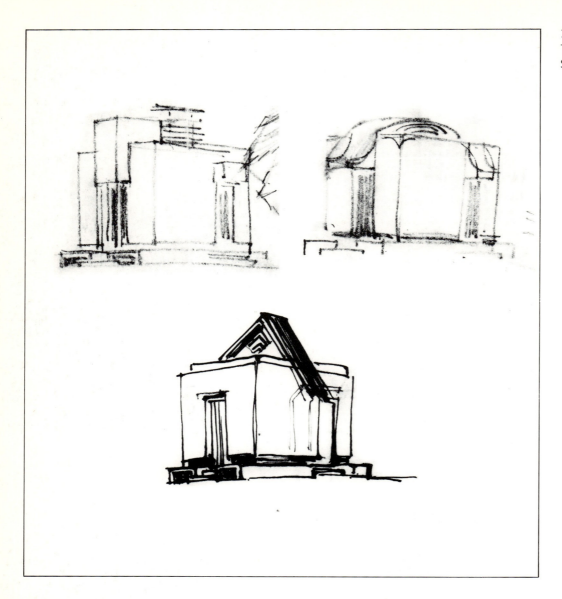

gung beider Begriffe ist denkbar, aber in Holland nicht erkennbar. Das erste setzt
Ratio voraus – Erkenntnis durch Analyse. Das zweite Irratio – Erkenntnis durch
Vision. Der Analytiker – Rotterdam – lehnt die Vision ab. Der visionäre Amsterdamer begreift nicht die kühle Sachlichkeit. ‹ [120] Man wird sich schwer der sprachlichen Eleganz dieser Sätze entziehen können. Aber bestechen sie nicht gerade
durch die fragwürdige Dualität ihrer faktischen Aussage? Mendelsohn urteilte, dies
darf man nicht vergessen, nach einem Vortrag von Oud. Er sollte erst Monate
später nach Rotterdam reisen. Es wäre interessant zu erfahren, ob Mendelsohn
nach der Betrachtung der vorstehenden und anderer Skizzen, falls Oud sie ihm
gezeigt hat, noch den gleichen Brief an seine Frau geschrieben hätte. Es wären
ihm sicher andere Worte in Kenntnis der nun folgenden Studien eingefallen.
Bei den Entwurfsarbeiten für Hoek van Holland *(Abb. 49)* und speziell in den
vielen Ansätzen für die Ecklösungen greift Oud wiederholt auf den Kanon des
Purmerender Fabrikprojekts *(Abb. 25–27)* zurück. Die jetzt im Jahr 1924 erneut
auftretende Beschäftigung mit den radikalsten Möglichkeiten seiner De Stijl-

72
Volkshochschule,
Projekt,
Skizze für erste Stufe.
Rotterdam, 1924

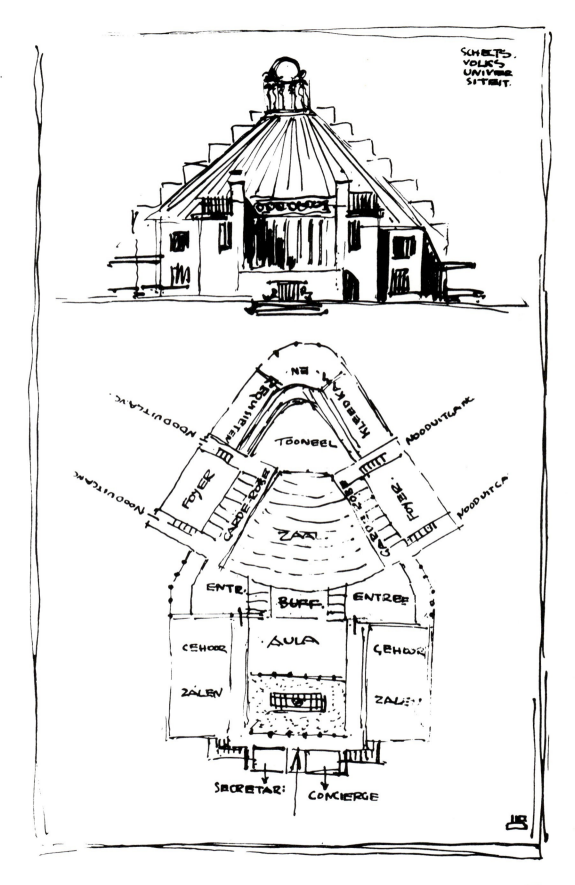

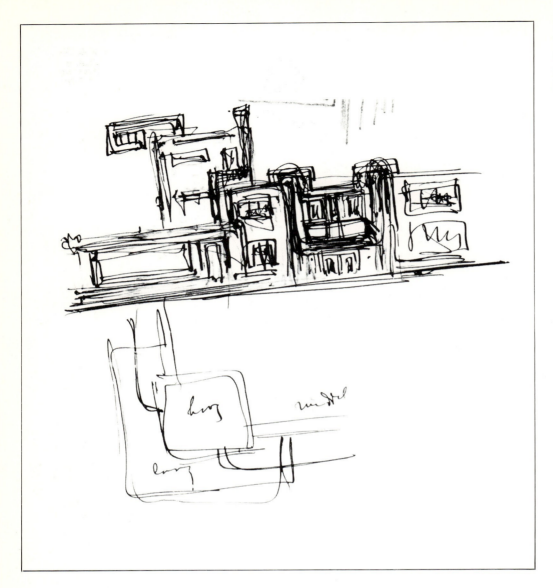

Periode, die nun auch mit Rundformen gepaart erscheinen, wird schließlich zur Fassade des Café De Unie führen. Eine unterschwellige De Stijl-Tendenz läßt sich also bis mindestens 1925 in Ouds Werk feststellen.

1924 gelingt Oud in seiner Häuserzeile für Hoek van Holland *(Abb. 53)* ein Meisterwerk des nuancenreichen Purismus. Es ist schwer zu begreifen, daß er im gleichen Jahr ein Projekt für die Rotterdamer Volkshochschule vorlegt, das durch seine auf repräsentative Monumentalität ausgerichtete, trockene Architektursprache enttäuscht. Der Bau sollte in einem bekrönenden Element gipfeln, das man gar nicht zu analysieren wagt. Bemerkenswert ist auch die Form des Grundrisses, die in Ouds Werk zum ersten Mal zu verzeichnen ist. Der Vergleich zwischen Hoek van Holland und diesem Entwurf zeigt die ungeahnte Spannweite, zu der Oud fähig war, weist aber wohl auch auf eine erste Unzufriedenheit mit der in Hoek van Holland so angestrengt erarbeiteten Formenwelt hin. Daß diese Vermutung zutrifft, zeigen die nächsten Entwürfe, in denen die künstlerische Phantasie stärker zur Geltung kommt.

74
Volkshochschule,
Projekt,
Skizzen für dritte Stufe.
Rotterdam, 1926

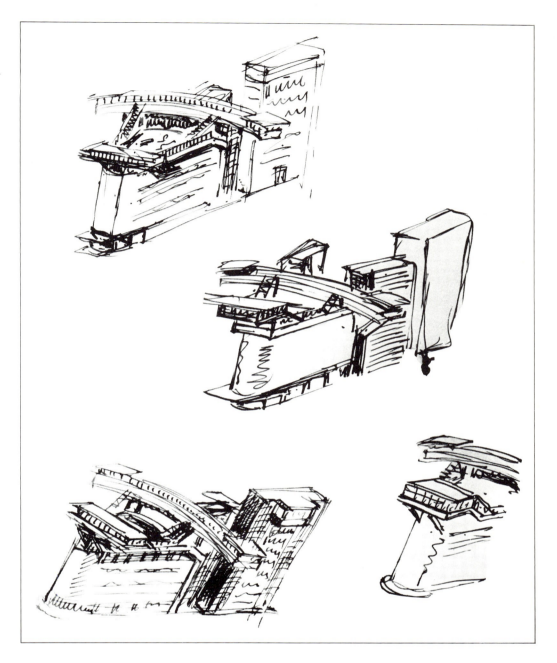

Das Volkshochschulprojekt *(Abb. 72–74)* nimmt in den 1925 und 1926 entworfenen Skizzen visionäre und dramatische Formen an, wie man sie von dem Architekten der De Kiefhoek-Siedlung nicht ohne weiteres erwartet hätte. Besonders die Aufsplitterung der Baumassen in autonome Einzelteile, die gesteigerten Dimensionen und das erstmalige Vorkommen des Hochhausmotivs beeindrucken. Eine innere Kraft und Dynamik spricht sich in diesen und ähnlichen Versuchen aus, die auch dem Börsenprojekt noch fremd waren. Man denkt unwillkürlich an ein entferntes Weiterwirken der Begegnungen mit Mendelsohn.
Die erste Endfassung für die Rotterdamer Volkshochschule *(Abb. 75)* gehört zu den gelungensten Entwürfen, die Oud in den zwanziger Jahren vollständig durchgearbeitet hat. Der ungewöhnliche Farbenreichtum dieses 1927 direkt aus den voran-

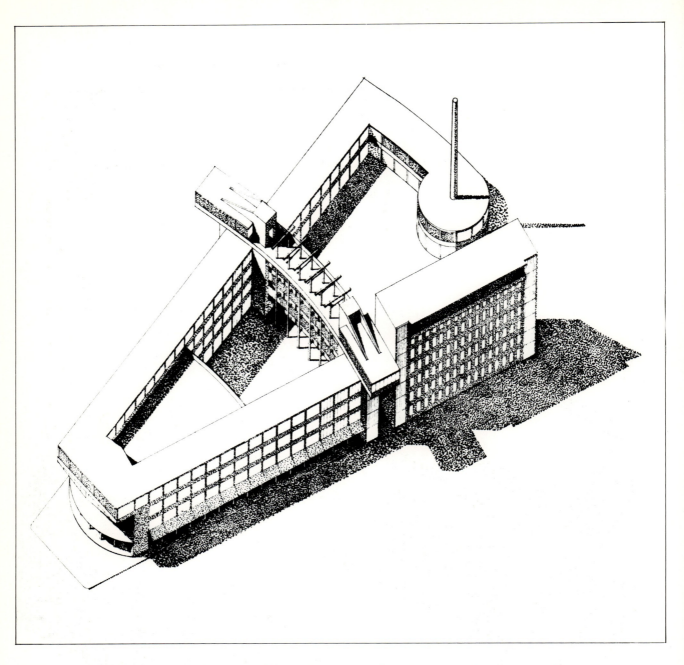

gegangenen Studien entwickelten Vorschlages kann nur sehr schwer mit den Stuttgarter Reihenhäusern in Verbindung gebracht werden. Man glaubt, zwei verschiedene Baumeister vor sich zu sehen. Hier zeigt Oud die reichen Möglichkeiten seiner Palette, was Formen und Materialien angeht; der äußerste Gegenpol zu den puristischen Arbeiten der zwanziger Jahre wird erreicht.

Dagegen ist der den Mitgliedern der Volkshochschule im April 1927 vorgelegte zweite durchgearbeitete Entwurf *(Abb. 76)* weit weniger dramatisch. Er erinnert in seiner Kantigkeit an das Börsenprojekt des vorhergegangenen Jahres, kann aber eine etwas trockene Symmetrie in Plan und Aufriß nicht verbergen. Die bei Behne abgebildete Bandeanstalt von Sta Jasinski scheint diesen Entwurf beeinflußt zu haben.

75
Volkshochschule, Projekt,
Vogelperspektive
der ersten Endfassung.
Rotterdam, 1927

76
Volkshochschule, Projekt,
Vogelperspektive
und Grundriß der
zweiten Endfassung.
Rotterdam, 1927

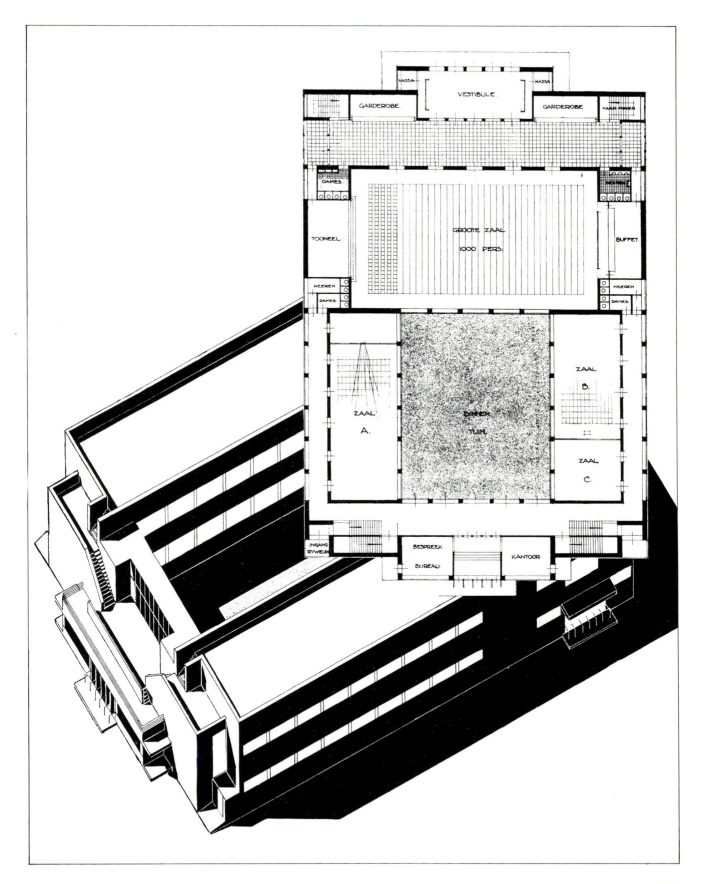

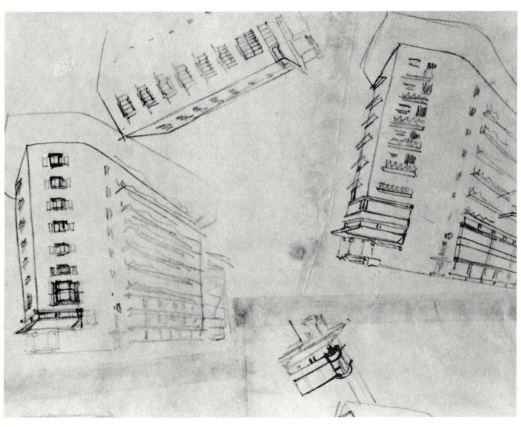

77
Stadthotel,
Projekt, frühe Skizzen.
Brünn, 1926

78
Stadthotel,
Projekt, Skizzen
zur Zwischenstufe.
Brünn, 1926

Oud beteiligte sich auch an dem internationalen Wettbewerb für ein Stadthotel in Brünn *(Abb. 77, 78)*. Während sich Peter Behrens' Vorschlag fast wie ein Plagiat von Fritz Högers Chilehaus aus dem Jahr 1923 ausnahm, beschritt Oud in seinen frühen Skizzen radikal neue Wege[121]. Man wünschte sich, daß Oud die gefundene Dualität zwischen gläsernem Scheibenhochhaus und plastischem Seitentrakt weiter entwickelt hätte. Wieder spürt man eine unruhige Dynamik, einen Schwung des Entwurfs, der dann in den späteren Skizzen wie auch in der unbefriedigenden Endfassung erlahmt.

Diese wenig bekannten Arbeiten Ouds sind aus zwei Gründen sehr wichtig. Sie zeigen den Unterschied zwischen dem zur Sparsamkeit angehaltenen Baumeister von Sozialwohnungen, der dennoch kraft seiner Begabung aus der Not eine eindrucksvolle Tugend zu machen versteht, und dem phantasievollen Architekten, der von Formenvisionen erfüllt ist, sie aber vor 1938 nicht verwirklichen konnte. Oud wurde die Chance zum Bauen in großen Dimensionen verwehrt, eine wesentliche Möglichkeit seines künstlerischen Genies wurde so unterdrückt; das Debakel begann mit der Ablehnung des Börsenprojektes. Diese Ereignisse bildeten wohl den Anlaß für seine einsetzende Nervenschwäche und seine Depressionen. Puristische Einfachheit und überquellende Formenphantasie waren die beiden schwer vereinbaren Pole seiner facettenreichen Persönlichkeit.

Die Beziehungen zum Bauhaus

Über das Ausmaß der Beziehungen zwischen der De Stijl-Gruppe und dem Bauhaus im allgemeinen und Oud und Gropius im besonderen läßt sich in der Literatur eine große Anzahl von Bemerkungen und Urteilen finden; aber im Grunde wissen wir über diesen faszinierenden Aspekt noch recht wenig. Zevi hat 1953 als erster dieses Problem in einem größeren Ansatz aufgegriffen und weist viele Einflüsse von De Stijl auf das Bauhaus nach[122]. Leider unterlaufen ihm jedoch Datierungsfehler und andere Ungenauigkeiten, so daß seine Studie nur mit Vorsicht zu gebrauchen ist. Jaffé hat sich 1956 und danach in weiteren Publikationen mit diesem Thema beschäftigt. So kommt er in bezug auf Gropius' Stilwandel beim Jenaer Theaterumbau zu dem Ergebnis: ›Der Bau zeigt eine Architekturkonzeption, die enge Beziehungen zu den Bauten Ouds aus den vorhergegangenen Jahren aufweist oder jedenfalls zur Architektur des Stijl derselben Periode.‹ Und an anderer Stelle führt er aus: ›Vor allem Ouds Kontakte mit dem Bauhaus haben dazu beigetragen, die Gedanken eines konsequenten Funktionalismus, die ohne den Stijl gewiß nicht möglich wären, zum allgemeinen Gedankengut der europäischen Architektur zu machen.‹[123] Weitere Stellungnahmen wie die von Scully, ›Gropius und seine Anhänger mochten niemals zugeben, was das Bauhaus dem De Stijl verdankte‹, oder auch von Ragon weisen in allgemeineren Formulierungen auf die Bedeutung von De Stijl für das Bauhaus hin[124]. Giedion urteilt schon ausgewogener und spricht davon, daß dieser Einfluß meistens über- oder unterschätzt wird[125]. Wingler dagegen steht am entgegengesetzten Ende des Spektrums, wenn er dazu neigt, einem De Stijl-Einfluß auf Gropius' Entwicklung geringe Bedeutung zuzumessen[126].

Bei der Betrachtung dieser Frage fällt auf, daß von keinem der Autoren der wichtige Briefwechsel zwischen Gropius und Oud auch nur erwähnt wird. Hier liegt jedoch wichtiges Material vor, das neues Licht auf diesen Problemkreis werfen kann[127].

Die Anfänge der Kontakte Ouds zum Bauhaus sind vorläufig noch nicht völlig geklärt. Dagegen sind van Doesburgs erste Berührungen mit Gropius und anderen Bauhausmeistern, wie im Kapitel über die De Stijl-Jahre ausgeführt wurde, eindeutig nachprüfbar. Jaffé berichtet von einer Reise Ouds nach Weimar im Sommer 1921, um van Doesburg zu besuchen[128]. Der Verfasser hat diese Angabe nicht nachprüfen können, jedoch findet sich in einem Brief von Adolf Meyer an Oud vom 4. Januar 1922 die Bemerkung: ›wenn Sie wieder mal nach Weimar kommen‹[129]. Demnach muß Oud wohl Ende 1921 in Weimar gewesen sein. Meyers vertraulicher Briefton legt jedoch auch die Vermutung nahe, daß Oud bereits vor dieser Reise Weimar aufgesucht hatte und mit Gropius und Meyer in Verbindung stand, so daß Jaffés Angabe eine indirekte Bestätigung fände. Ouds Reise muß in Zusammenhang mit dem Kallenbach-Projekt gestanden haben.

Gropius' und Meyers Vorschlag zu diesem Wettbewerb wie auch das Haus Otto aus den Jahren 1921/22 bleibt noch expressionistischem Formengut verhaftet. Erst vom Frühsommer 1922 an, wie Pehnt im einzelnen dargelegt hat, zeigen sich erste Anzeichen für einen Stilwandel in Gropius' Werk[130]. Welche Tatsachen beeinflußten diese Wende, die Gropius schließlich zum Vokabular des Dessauer Bauhausgebäudes führen sollte?

Man wird schwerlich, ohne Pedanterie, Gropius' Entwicklung in dem entscheidenden Zeitraum von 1921 bis 1923 auf einen einzigen Grund zurückführen wollen oder können; Klotz verweist zum Beispiel auf den direkten Einfluß von Frank Lloyd Wright[131]. Außerdem scheint jedoch die holländische Architektur und vor allem der in diesen Jahren immer prominenter werdende Oud eine wichtigere Rolle gespielt zu haben, als bisher im einzelnen bekannt war.

Oud verweist in ›Mein Weg‹ in typischer Bescheidenheit auf van Doesburg; denn Gropius' ›Umschwung ins Abstrakte ist so abrupt und auffällig, daß man ihn ruhig dem Einfluß van Doesburgs und seiner 'Verkündigung' der Stil-Theorien zuschreiben darf‹[132]. Seit den Forschungen von Klotz und Pehnt kann es als erwiesen gelten, daß die Entwicklung von Gropius nicht ganz so abrupt vor sich ging, wie Oud glaubte. Dennoch ist der Kern seiner Aussage richtig, obwohl die Rolle van Doesburgs differenzierter dargestellt werden kann. Es ist oft übersehen worden, daß sich van Doesburg vor Herbst 1922 — mit zwei Ausnahmen — nicht mit architektonischen Projekten befaßt hat. Baljeus Argumentation spricht dafür, daß die sogenannten ›Weimarer Modelle‹ frühestens im Herbst 1922 entstanden sind, also zu einem Zeitpunkt, als Gropius schon neue Wege beschritten hatte[133]. Sein Einfluß konnte also vor Herbst 1922 im besten Fall nur rein theoretischer Art gewesen sein, was Gropius sicher entschieden zurückgewiesen hätte; oder er bestand in einer Art Vermittlertätigkeit. Da er keine eigenen Bauten, Projekte oder Pläne zu bieten hatte, die Gropius formal hätten anregen können, war van Doesburg gezwungen, fremde Beispiele zu zitieren, um das Wesen der De Stijl-Architektur zu belegen. Dies konnten bis weit in das Jahr 1922 hinein in der Hauptsache nur die Bauten und Entwürfe Ouds sein. Gropius, der seit seinen Diskussionen mit van Doesburg im Dezember 1920 in Berlin und im Januar 1921 in Weimar Ouds Arbeiten genau kannte, blieb von diesen auch nicht unbeeindruckt. Die Fassade des Jenaer Theaters ist deutlich Ouds drittem Fabrikentwurf verpflichtet, der im September-Heft des Jahres 1920 in ›De Stijl‹ und danach in anderen europäischen Fachzeitschriften veröffentlicht wurde.

Auch vor dem Hintergrund der stürmischen Beziehungen zwischen Gropius und van Doesburg in den Jahren 1921 bis 1923 ist ein direkter Einfluß des De Stijl-Herausgebers auf den Bauhausdirektor unwahrscheinlich. Van Doesburg war ein Vermittler, der die Architektur des De Stijl und vor allem Ouds propagandistisch durchaus geschickt am Rathaus bekannt machte. Wie sehr Oud von Gropius geschätzt wurde, ergibt sich aus mehreren Briefen. Gropius' Einladung zur Bauhauswoche 1923 enthält den Passus: ›.. Ich möchte den romantischen Einschlag bei dieser Ausstellung nach Möglichkeit vermeiden und die ganz bestimmten Linien einer funktionellen dynamischen Architektur aufzeigen .. Wir haben hier einen Fall van Doesburg, über den ich Ihnen einmal mündlich berichten muß.‹[134]

Nachdem er Oud von seinen Eindrücken der Großen Berliner Kunstausstellung des Jahres 1923 berichtet und Oud Material von Wils, Meyer und Greve übersandt hatte, kam es dann während der Bauhauswoche erneut zu persönlichen Kontakten. Ouds Vortrag war ein überragender Erfolg, und der Beitrag der niederländischen Architektur wurde sehr stark beachtet. So schrieb Walter Passarge im Kunstblatt: ›Ein Gemeinsames verbindet die Bauten der jungen Deutschen, Holländer, Tschechen, Dänen, Russen und Franzosen! Die Tendenz zu einer letzten Geschlossenheit, Sachlichkeit und Klarheit, die dem Geist unseres Zeitalters ungleich näher ist als alle 'utopischen' und expressionistischen Architekten. Besonders hervorzuheben sind die Bauten der Holländer Oud, van Loghem, Dudok u. a. und der Entwurf für eine Weltstadt von Le Corbusier.‹[135]

Bei dieser Sachlage überrascht der Inhalt von Gropius' Dankschreiben kaum: ›Ich bekomme immer mehr den Wunsch, mit der holländischen Architektur und vor allem mit Ihnen in direkte Berührung zu kommen .. Im übrigen muß ich Ihnen gestehen, daß Sie hier bei allen unseren Leuten auf der ganzen Linie gesiegt haben. Alle sprechen von Ihnen mit besonderer Liebe und Achtung.‹[136]

Was meinte Gropius mit diesem Sieg ›auf der ganzen Linie‹? Hüter hat im einzelnen dargelegt, wie schwer die Umorientierung am Bauhaus vielen Mitgliedern des Lehrkörpers fiel[137]. Die dann seit 1922 zumeist von Gropius formulierten Thesen wie ›beste Ökonomie, beste Technik, beste Form‹ oder ›Kunst und Technik, die neue Einheit‹ wie auch das neue Bauhausmanifest und Gropius' Vorwort zu seinem Buch ›Internationale Architektur‹ wurzeln alle in den Ausführungen Ouds und van Doesburgs aus den Jahren 1917 bis 1921[138].

Die so grundlegenden Gedanken der Bauhaus-Ideologie, die Überwindung des Individuellen zugunsten des Allgemeinen, die Verknüpfung architektonischer Visionen mit gesellschaftlichen Veränderungen und der Primat der rechtwinkligen Geometrie als maschinengerechtes System für alle Raum-, Struktur- und Flächendefinitionen verdanken ebenfalls fast alles den De Stijl-Manifesten und den Erklärungen einzelner Gruppenmitglieder. Da Oud in seinem Weimarer Vortrag fast alle genannten Aspekte mit großer Präzision auf dem Gebiet des Architektonischen erneut abhandelte, konnte er der gebannten Aufmerksamkeit seiner Zuhörer gewiß sein. Was Gropius als Ouds ›Sieg‹ darstellt, war im Grunde die Rechtfertigung und geistvolle Analyse des neuen Bauhausprogramms durch einen der führenden Architekten Europas, der eben diese Prinzipien schon viele Jahre früher formuliert, erprobt und erlitten hatte.

Natürlich soll nicht geleugnet werden, daß auch andere Einflüsse wirksam waren. So hat Gropius selbst auf den russischen Suprematismus und Konstruktivismus hingewiesen, und auch die Bedeutung Wrights darf nicht übersehen werden. Diese höchst komplexe Konstellation zwischen deutscher, holländischer und russischer Avantgarde in den Jahren 1917 bis 1923 bedarf spezieller Untersuchungen. In Gropius-Briefen vom November 1923 und September 1924 finden sich die Sätze: ›Hoffentlich gelingt es mir auch einmal, bald nach Holland zu kommen. Nach Meyers Erzählungen wächst in mir die Neigung, Ihr Land zu besuchen, das mir das architektonische Gesicht von Europa zu haben scheint .. Van Doesburg glaubt immer noch, die Kunst allein erfunden zu haben.‹[139]

Ohne die eindrucksvolle künstlerische Qualität des Dessauer Bauhausgebäudes mindern zu wollen, so wird man doch mit Blick auf die Zergliederung des Baukubus in unterschiedlich disponierte, im Raum agierende, plastisch-abstrakte Volumen an die Arbeiten Ouds, van Doesburgs und van Eesterens erinnert. Klotz hat versucht, diesen ›freien‹ Grundriß aus anderen Ursachen zu erklären. Es ist aber sehr zweifelhaft, ob man die De Stijl-Architektur in diesem Zusammenhang völlig außer acht lassen darf[140].

Oud wird von Gropius am 2. November 1926 zu einem weiteren Vortrag am Bauhaus eingeladen und im April 1927 kommt es zu einem mehrtägigen Besuch von Ise und Walter Gropius in Rotterdam[141]. Wieweit die Diskussionen zwischen dem Bauhausdirektor und dem Spezialisten für den sozialen Wohnungsbau den Siedlungsbau von Gropius nach 1927 beeinflußt haben, ist ein offene Frage. Formale Parallelen zwischen Dessau-Törten oder Berlin-Siemensstadt und Tusschendijken, Oud-Mathenesse, Hoek van Holland oder De Kiefhoek bestehen nur in einem sehr begrenzten Maße. Man darf jedoch nicht übersehen, daß Gropius auf diesem Gebiet ein ›Neuling‹ war und sicher von diesen Unterredungen profitiert haben wird.

So regt denn ein Studium der Korrespondenz zwischen Gropius und Oud zu einigen Gedankengängen an, die den Einfluß von Ouds Werk im besonderen und der progressiven holländischen Architektur im allgemeinen auf die Entwicklung von Walter Gropius vielleicht in einem neuen Licht erscheinen lassen.

Die Jahre des Schweigens
1928–1937

›Rotterdam ist seltsamerweise das Zentrum der modernen Architektur. J. J. P. Oud, der vor einigen Jahren eingeladen war, die Kahn-Vorlesung in Princeton zu halten, ist wahrscheinlich der größte lebende Architekt, und sein sozialer Wohnungsbau, den er als Rotterdamer Stadtbaumeister entworfen hat, gilt aller Welt als Vorbild.‹
F. Scott Fitzgerald an seine Tochter, Juli 1938[142].

Das Jahrzehnt zwischen 1928 und 1937 in Ouds Leben ist durch das Steigen seines internationalen Ansehens aufgrund seiner Werke der zwanziger Jahre gekennzeichnet. Auf der New Yorker Ausstellung ›Modern Architecture, International Exhibition‹, die vom 10. Februar bis 23. März 1932 im ›Museum of Modern Art‹ stattfand, wird Oud von Barr, Hitchcock und Johnson als einer der vier führenden Architekten der Welt gefeiert, zusammen mit Le Corbusier, Mies van der Rohe und Gropius[143]. Das vorangestellte Zitat verweist in die gleiche Richtung. Für die internationale Kritik hatte Oud den Höhepunkt seiner Karriere erreicht.

Demgegenüber stehen nervliche Überanstrengung und sein Rücktritt als Stadtbaumeister im Jahre 1933. Oud siedelt sich in Hillegersberg an, kann sich aber als freier Architekt finanziell nicht durchsetzen. Bis 1938 findet er niemand, für den er außer planen auch bauen darf. Durch Möbel- und Besteckentwürfe und einige Innenausstattungen wird das Nötigste verdient. Auch anderen führenden Architekten ging es in diesen Jahren nicht viel besser. Lilly Reichs Brief beschrieb bereits die Situation von Mies van der Rohe im Jahre 1935, und Gropius teilt in einem Schreiben vom April 1931 an Oud mit: ›Hier sieht es trostlos mit den Bauaufgaben aus. Ich habe nun seit eineinhalb Jahren nichts zu tun, und anderen geht es nicht besser. Ich schiele nach dem Ausland, um irgendwo jenseits der Grenze Arbeit zu finden.‹[144]

Zu Beginn dieser tristen Jahre entwirft Oud 1928 ein Dreifamilienhaus für Brünn (Abb. 79), das den formalen Reichtum der ersten Endfassung für die Rotterdamer Volkshochschule wieder aufnimmt. Runde und rechteckige Ecklösungen wechseln, der Reichtum der Fensterformen beeindruckt, die schlanken Säulen und die skulpturale Feuertreppe sind Le Corbusier verpflichtet.

Die 1931 entworfene Blijdorp-Siedlung (Abb. 80, 81), die nie zur Ausführung kam, zeigt die allgemeine Weiterentwicklung des Internationalen Stils im Wohnungsbau. Die von Aluminium gerahmten Fenster werden größer und schließen sich zu langen Zeilen zwischen verputzten Wänden zusammen. Zum ersten Mal verwendet Oud rhythmisch angeordnete Balkone, die als Weiterentwicklung der Stuttgarter Lösung zu werten sind, die ebenfalls den aus der Weißenhof-Siedlung

abgeleiteten geschlossenen Höfen gegenübergestellt werden. Der Gesamtplan
wird wesentlich vom Kontrast der plastisch gestalteten Hofseite und der streng
flächig gehaltenen Eingangsseite bestimmt.

1930 wurde Oud von Hitchcock und Johnson besucht, die sich wegen der Vorbereitung der New Yorker Ausstellung in Europa befanden. Mit beiden entwickelte
sich eine gute Zusammenarbeit, mit Philip Johnson darüberhinaus eine langjährige Freundschaft. Vom September 1930 hat sich ein langer Brief Johnsons erhalten, in dem er Oud über seine Eindrücke berichtet. Wie bekannt, war er besonders
von Mies van der Rohe beeindruckt: ›Er spricht von Dir mit einer großen Begeisterung als einem seiner besten Bekannten. Und Mies ist selten über andere Architekten begeistert. Tatsächlich erhielten nur Du und Le Corbusier Lob von ihm .. Er
erzählt witzige Geschichten über Gropius' Achtung vor der Technik. Er verehrt
sie, weil er so wenig davon versteht. Mies haßt diese Zweckmäßigkeit, die am
Bauhaus zum Äußersten getrieben wurde, bevor er kam. Er sagt, daß die Zweckmäßigkeit noch subjektiver sei als die reine Ästhetik.‹[145]

80
Blijdorp-Siedlung,
Projekt,
perspektivische Ansicht.
Rotterdam, 1931

81
Blijdorp-Siedlung,
Projekt,
perspektivische Ansicht.
Rotterdam, 1931

Diese Freundschaft mit Johnson führte zu dem Auftrag, ein Haus für dessen Mutter im Bundesstaat North Carolina zu entwerfen *(Abb. 82, 83)*. Die 1931 fertiggestellten Pläne kann man als die bewußte Auseinandersetzung Ouds mit den beiden Meisterwerken des Hausbaus der Zeit, dem Tugendhat-Haus von Mies van der Rohe und Le Corbusiers Villa Savoye, interpretieren. Von der Einfahrt aus betritt man einen kurzen Flur. Auf der einen Seite öffnet sich die Raumzone aus Eß- und Wohnzimmer. Über eine Treppe führt der Weg zum spektakulären Sonnenpavillon. Auf der anderen Seite des Flurs befindet sich als Kontrastmotiv der geschlossen gehaltene Serviceflügel. Ungewöhnlich war die Disposition des Schlafzimmers der Auftraggeberin im Erdgeschoß. Dies aber war gewünscht.

Die Gesamtkonzeption ist meisterhaft. Die sparsame Linienführung, die vor die Glashaut gestellten runden Betonsäulen und die plastische Rundform des Pavillons, die wieder mit der strengen Anordnung von Schwimm- und Tennisanlage kontrastiert, sind von äußerster Eleganz. Oud gelingt hier fraglos sein schönstes Hausprojekt, das man ohne Zögern mit Mies van der Rohes und Le Corbusiers

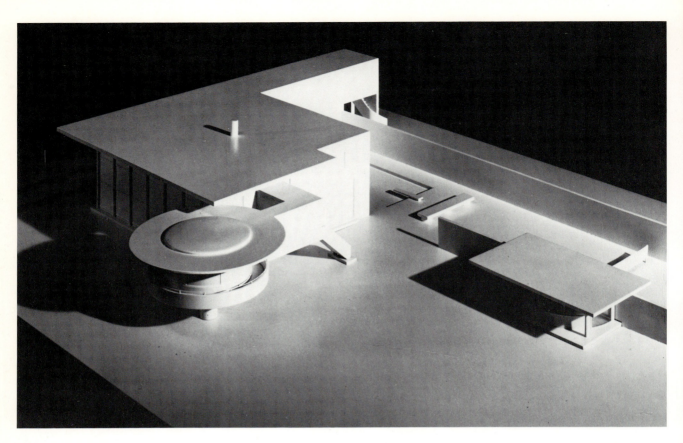

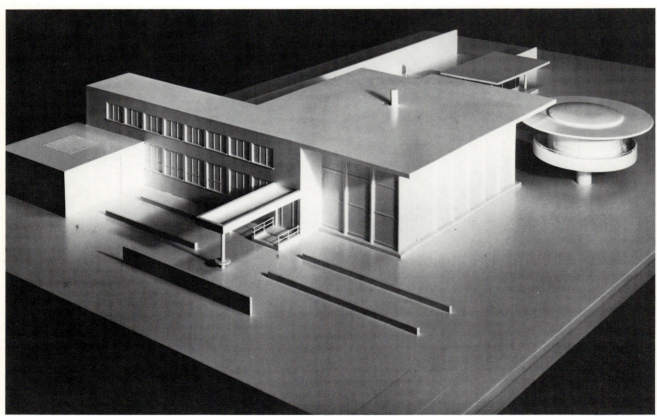

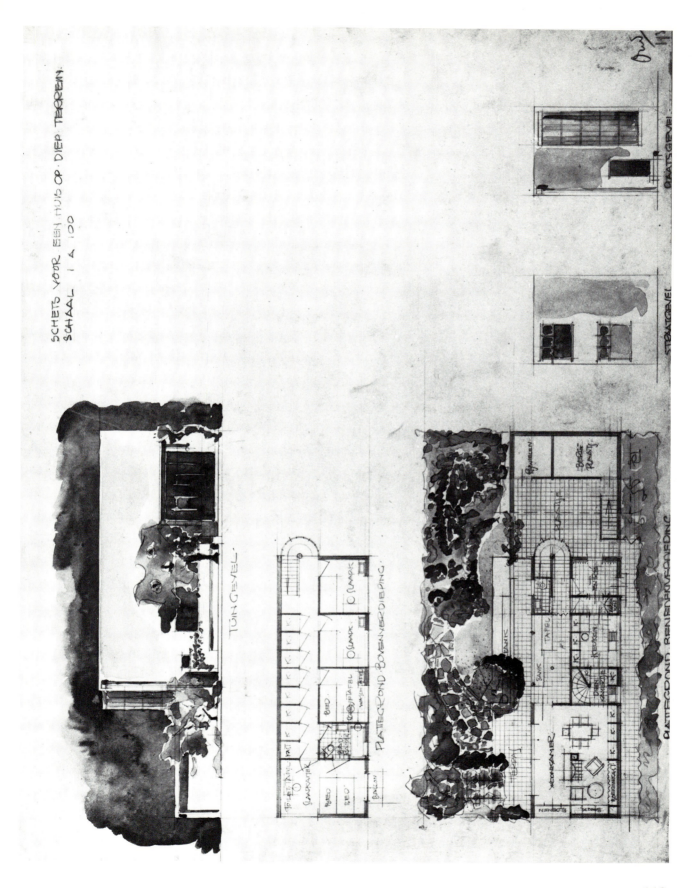

SCHETS VOOR EEN HUIS OP DIEP TERREIN.
SCHAAL 1 A 100

TUIN GEVEL.

PLATTEGROND BOVENVERDIEPING.

PLATTEGROND BENEDENVERDIEPING.

PLAATS GEVEL

STRAAT GEVEL

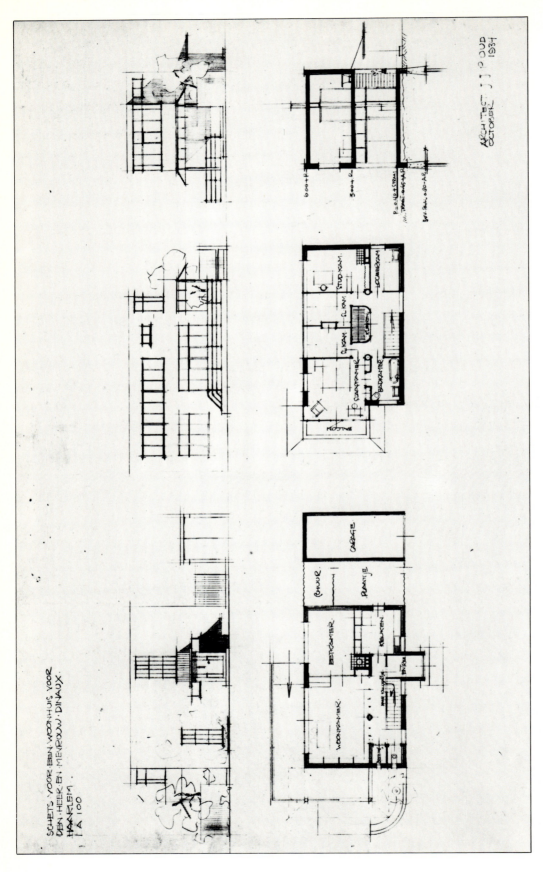

82 (S. 112)
Johnson-Haus, Projekt,
Ansicht des Modells
von der Gartenseite.
Pinehurst,
North Carolina (USA),
1931

83 (S. 112)
Johnson-Haus,
Ansicht des Modells
von der Einfahrtsseite.
Pinehurst,
North Carolina (USA),
1931

84 (S. 113)
Haus
auf tiefgelegenem
Baugelände,
Projekt. 1933

85
Dinaux-Haus, Projekt.
Haarlem, 1934

Schöpfungen in einem Atem nennen kann. So schreibt denn auch Johnson: ›Wenn Dein Modell nur so anschaulich wie Mies van der Rohes gewesen wäre mit Möbel, Farbe und Glas, so glaube ich, hätte man es genau so bewundert wie seines, aber bei dieser Sachlage zog das Tugendhat-Haus die meisten reichen Leute an, wie man nicht anders erwarten konnte.‹ [146]

Sembach hat für die Einführung eines ›Stils 1930‹ plädiert, um die Veränderungen um 1930 von der ersten Phase der modernen Architektur, die er mit der Weißenhof-Siedlung als abgeschlossen ansieht, abzuheben. ›Der Purismus um 1925 hatte notwendig am Anfang gestanden .. Am deutlichsten ist das ablesbar in der Architektur, wo der strenge weiße Kubus – die Leitform jener Zeit – nun Relief gewann, Differenzierungen in Aufbau und Material annahm und sich von einer doktrinären Kunstform wandelte zu einem Gebilde, das dem Leben diente .. Das strenge Vokabular der stereometrischen Grundform galt nicht mehr ausschließlich, es war ergänzt und differenziert worden, sogar Kurvaturen erschienen wieder, allerdings in sehr prägnanter Gestalt.‹ [147] Diese Sätze lassen sich direkt auf Ouds Entwicklung nach 1927 anwenden und bestimmen seine Projekte in den folgenden Jahren.

Ein 1933 entworfenes Haus auf tiefem Baugelände (Abb. 84) stellt in seinem Wechselspiel von rundem und eckigem Formengut eine Weiterentwicklung des Eingangsflügels des Brünner Projekts dar. Beide Pläne bereiten die Grundform des Shell-Gebäudes vor (Abb. 90, 91). Sehr überzeugend ist auf der Gartenseite der Kontrast der Materialien. Die Einführung eines kleinen gepflasterten Verbindungsplatzes zwischen Haus und Schuppen ist neu wie auch die bewußte Anordnung mehrerer Bänke. Oud beginnt hier eine Reihe von Hausentwürfen, die alle von einer rechteckigen Grundrißform ausgehen, in der sich stets auf einer Schmalseite das große Wohnzimmer befindet. Diese Anordnung, die an das Tugendhat-Haus erinnert, überwindet das traditionelle holländische Grundrißschema.

Zwei Briefe des Jahres 1934 geben einen Eindruck von Ouds Stimmungslage zu dieser Zeit. Im März schreibt er an Frank Lloyd Wright: ›Sie wissen, wie sehr ich Sie und Ihr Werk bewundere. Es freute mich auch zu sehen, daß Ihre Begeisterung, trotz der schlechten Zeiten, für geistige Arbeit sich nicht verringert hat .. ‹ [148]

Und im Oktober schrieb Moholy-Nagy: ›Für die Eröffnung fragte man mich, ob ich ein 'großes Tier' hätte. 'Größtes Tier' – das Du bist, lieber J. J. P. – und ich wäre selig, wenn Du die Eröffnungsrede, einige Worte, halten würdest. Glaubst Du, daß ich das verlangen darf, den großen Einsiedler aus seiner Höhle zu holen?‹ [149]

Aus beiden Briefstellen wird deutlich, daß Oud im Jahre 1934 sicherlich nicht mit aktiven Beiträgen auf dem Parkett der zeitgenössischen Kunstszene glänzte.

Aus dem gleichen Jahr haben sich zwei Entwürfe erhalten. Das projektierte Haus für Ouds Schwiegereltern (Abb. 85) stellt im Grundriß eine Variante der Abbildung 84 dar. Die Fassadengestaltung besitzt jedoch weder die Qualität noch die Sorgfalt des 1933 gestalteten Vorschlags. Auch bleiben die Verbindungen von Garage und Haus und die angefügte runde Mauer in ihren optischen Beziehungen zum Gebäude unbefriedigend. Eine merkwürdige Zerrissenheit charakterisiert die Aufrisse. Das Projekt scheiterte bereits am Grundstückskauf.

Das Problem der standardisierten Wohnung beschäftigte Oud auch in dieser Zeit. Beide hier abgebildeten Vorschläge (Abb. 86, 87) sind für Ouds Oeuvre ungewöhnlich. Der 1934 entstandene Entwurf arbeitet mit einem L-förmigen Flur, um den sich im Erdgeschoß die Räume gruppieren. Der Aufriß der Eingangsseite wird

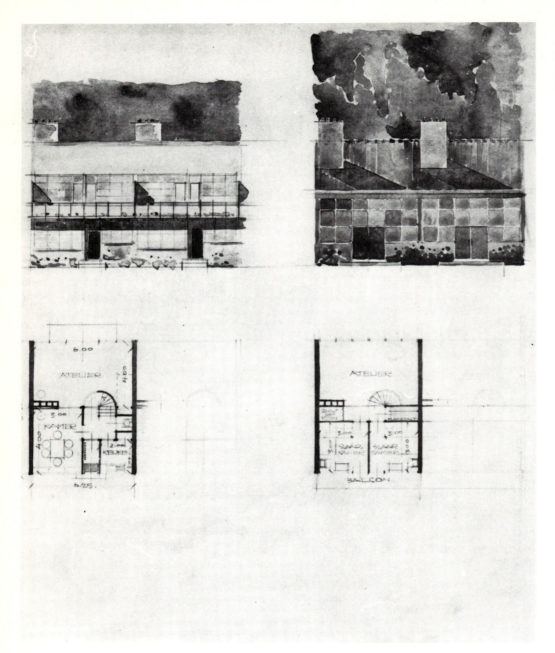

von vorspringenden und zurückgenommenen Formen beherrscht, wie sie in dieser
Weise selbst in Velp oder im Strandvoulevardprojekt nicht zu finden sind. Die
sogenannten Atelierwohnungen stellen ein zweistöckiges Atelier vor, das zusammen mit dem im Obergeschoß eingefügten Balkon an Le Corbusier erinnert.
1936 bittet Lilly Reich, des 50. Geburtstages von Mies van der Rohe in einigen
ausländischen Zeitschriften zu gedenken, eine Bitte, der Oud sofort nachkam. Im
gleichen Jahr, am 17. Juni, kommt Alfred Barr, Direktor des ›Museums of Modern
Art‹ nach Holland und legt Oud einen detaillierten Anstellungsvertrag der Harvard
University als ›Professor of Design‹ vor. Der 1. Februar 1937 war als Antrittstermin
geplant, ein Gehalt von US-Dollar 10.000 per annum vorgesehen, die Konditio-
nen waren günstig.[150] Oud lehnt ab und schlägt Gropius vor, der das Angebot –

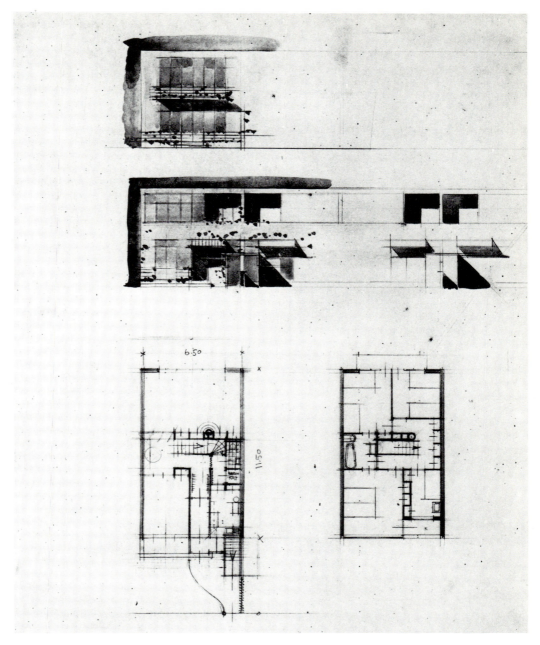

mit bedeutenden Konsequenzen für die amerikanische Architekturszene —
annimmt. Merkwürdigerweise verschlechtern sich danach die Beziehungen zwischen Oud und Gropius merklich.

Die Projekte für Blaricum *(Abb. 88, 89)* beschließen die architektonischen Arbeiten aus diesem Jahrzehnt des Schweigens. Dabei gefällt der erste Vorschlag mit seinem eindrucksvollen Gegensatz zwischen relativ geschlossener Eingangsseite und weitgehend verglaster Gartenfront unter einem Flachdach weit mehr als die im Modell vorgestellte Endfassung. In einem Einzelaspekt wie dem Treppenmotiv spürt man überwältigend den Qualitätsunterschied.

Diese Jahre müssen sehr schwierig für Oud gewesen sein. Erneut ist es Giedion, dessen kühle Prosa in Fachveröffentlichungen kaum diese Dimensionen verrät,

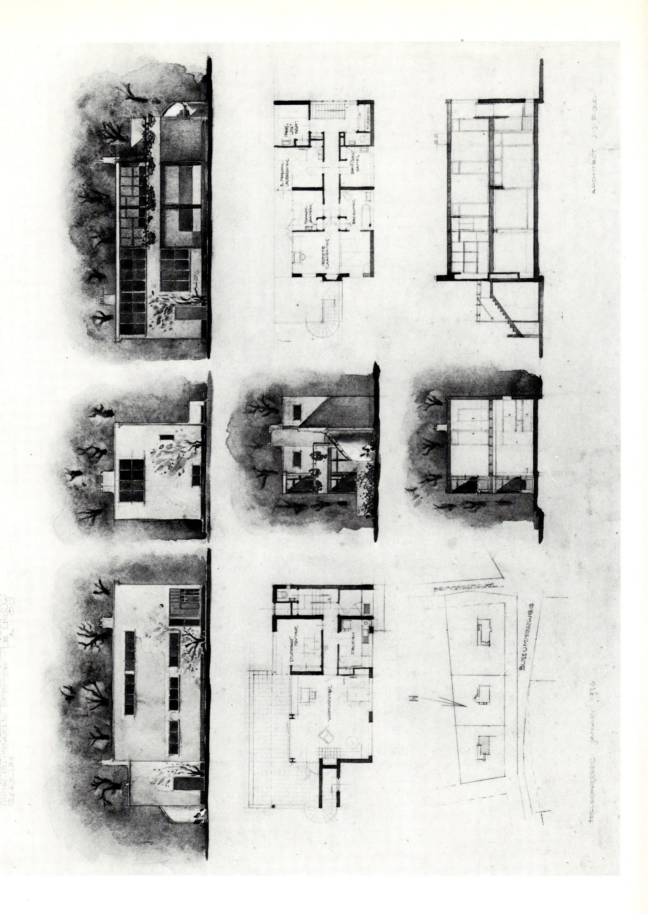

88
Pfeffer-De Leeuw-Haus,
erstes Projekt.
Blaricum, 1936

89
Pfeffer-De Leeuw-Haus,
Modell
des zweiten Projekts,
Ansicht
der Gartenseite.
Blaricum, 1936.

der jedoch in einem privaten Brief die zutreffendste Analyse der Haltung Ouds zu diesem Zeitpunkt gibt. In einem Schreiben an Oud (1937) heißt es: ›Wenn ich offen sein darf, so habe ich gesehen, daß Sie viel mit sich selbst diskutieren und künstlich Mauern um sich legen, denn im Grunde haben Sie das Bedürfnis nach Mitteilung und Austausch. Sie sind stark in Ihrer Arbeit und übertragen das ganz auf Ihr Menschsein, was doch zweierlei ist. Als Mensch sind Sie ja ein fast weib-lich-zarter Beobachter, ein Richter aus Instinkt, ein ewiges Fragezeichensetzen! Gerade darum liebe ich Sie, denn die meisten Architekten, die ich kenne, sind auch im Privatleben Fachmenschen oder – wenn Sie wollen – sie sind menschlich verkümmert.‹[151]

Es kann sicherlich nicht die Aufgabe des Historikers sein, in die Privatsphäre eines Künstlers einzudringen, so daß intimste Schichten dieser Persönlichkeit verletzt werden. Der Historiker muß jedoch versuchen, den Gründen nachzuspüren, die direkt auf die künstlerische Produktion, auf ihre Quantität und Qualität, einen Einfluß ausüben. Es ist eine Tatsache, daß Oud in den zehn Jahren zwischen 1928 und 1937 nur knapp 10 architektonische Entwürfe geschaffen hat. Man darf dar-aus schließen, daß er mit schwersten inneren Schwierigkeiten, gleich welcher Art, zu kämpfen hatte, die seine architektonische Schaffenskraft unübersehbar beein-trächtigten. Es muß der Schluß erlaubt sein, daß die spezifischen Merkmale dieser Krisensituationen wenigstens teilweise für die Formensprache verantwortlich waren, mit der Oud seit 1938 die Fachwelt überraschte und bestürzte.

Das Spätwerk:
Zweifel und Synthese
1938–1963 [152]

Klassizistische Tendenzen und ornamentale Ausbrüche

Um 1937 zeigt sich eine Krise in Ouds Werk. Es muß noch viel Forschungsarbeit geleistet werden, um die genauen Gründe für den unerwarteten Stilwechsel zu klären. Waren sie in seiner Person begründet, in der künstlerischen oder in der gesellschaftspolitischen Situation?

Oud verließ nun, und zwar ganz bewußt, die Gemeinschaft der internationalen Avantgarde. Zunehmend beobachtete er voller Beunruhigung in seiner Umgebung, aber auch in den führenden Architekturzeitschriften, daß die Prinzipien des Neuen Bauens mehr und mehr mechanisch angewandt wurden. Er sah das Heraufkommen einer kalten und gedankenlosen Architektur, in der Empfindung, Ausdruck und persönliche, ästhetische Überzeugungen geopfert wurden. Um dieser Tendenz entgegenzuwirken, suchte Oud nach neuen stilistischen Möglichkeiten, und er hoffte einige Zeit, daß die Antwort in einem neuen Ornament gefunden werden könnte.

Ouds Schriften geben vielleicht am ehesten Auskunft über die Ursachen dieser Wende in seinem späteren Schaffen, das in der architekturhistorischen Literatur erst in jüngster Zeit überhaupt berücksichtigt wird. Er schreibt aus der Rückschau des Alters über seine De Stijl-Jahre, daß damals der Ausgangspunkt war, daß das Leben sich immer mehr von der Natur abwende, ›dadurch werde es abstrakt, und also habe die Bedeutung des Individuums zu verschwinden, und sie werde auch verschwinden zugunsten des Universellen‹.[153] Der totale Nutzeffekt wurde angestrebt: ›Der Versuch, durch Rationalisierung und Standardisierung im Kleinen die größte Leistung zu erreichen: Der 'Wohn-Ford': Licht und Luft, Farbe.‹[154] Schon 1927 jedoch war dieser Standpunkt für ihn nicht mehr verbindlich. Er schreibt: ›Für mich ist das Rationale nur ein Ausgangspunkt; warum soll ich verleugnen, daß ich zum Beispiel dieses Fenster in diesem Raum schön finde? Ich schere mich überhaupt nicht um die reine Funktion ohne eine formale Norm und auch nicht um die Wohnmaschine‹[155], und 1947 forderte er: ›Die wahre Architektur, ob sie nun modern oder alt ist, muß 'Empfindung' hervorrufen, sie muß von einem (dem Architekten) zum anderen (dem Betrachter) ihre ästhetische Vision vermitteln.‹[156]

Daß Oud sich die Freiheit nahm, das Steuer herumzuwerfen und seinen geltenden Prinzipien abzuschwören, wurde moralisch bewertet. Die Gralshüter des Internationalen Stils sahen seinen Gesinnungswechsel als Verrat an. Ein Abweichen vom einmal eingeschlagenen Wege, der nun zum Pfad des Establishments geworden war, wurde nicht geduldet. So kamen seine freundschaftlichen Beziehungen zu Philipp Johnson und den amerikanischen Architekten zu einem jähen Ende. In der De Stijl-Periode hatte Oud mit radikaler Strenge Theorie und Praxis vereinigt, seine Architektur hob sich klar ab von dem Schaffen seiner gemäßigteren Zeitgenossen. Für die Architekturkritik und öffentliche Meinung war es leicht, seine eindeutige Aussage einzuschätzen. Dies war nicht mehr so, als er seine radikale Haltung aufgab; Regel und Ausnahme gleichzeitig in einem Werk zu tolerieren, weigerte sich das Publikum[157].

Aus unserer Sicht der achtziger Jahre sieht die Sache wesentlich anders aus. Die vom Nützlichkeitsstreben bestimmte neue Architektur hatte einst so manchen überflüssigen Firlefanz hinweggefegt. Jetzt aber, vereinnahmt von einem grenzenlosen Profitstreben, hat sie die Unwirtlichkeit der modernen Stadt bestimmend mitverschuldet. Eine jüngere Generation begann die scheinbar für die Ewigkeit aufgestellten Prinzipien des Neuen Bauens in Frage zu stellen. Die neue Richtung, mit der wenig glücklichen, weil negativ formulierten Bezeichnung ›Post-Modernismus‹ versehen, setzt sich zunehmend durch. Ornament und historische Reminiszenzen sind kein Verbrechen mehr.

Ouds Entwürfe für das Shell-Haus im Haag *(Abb. 90–92)* wirkten auf die internationale Architektenschaft überraschend. Die überwältigende Monumentalität der

93
Entwurf
für ein Nationaldenkmal
in einer Parkanlage,
Projekt. Um 1942/43

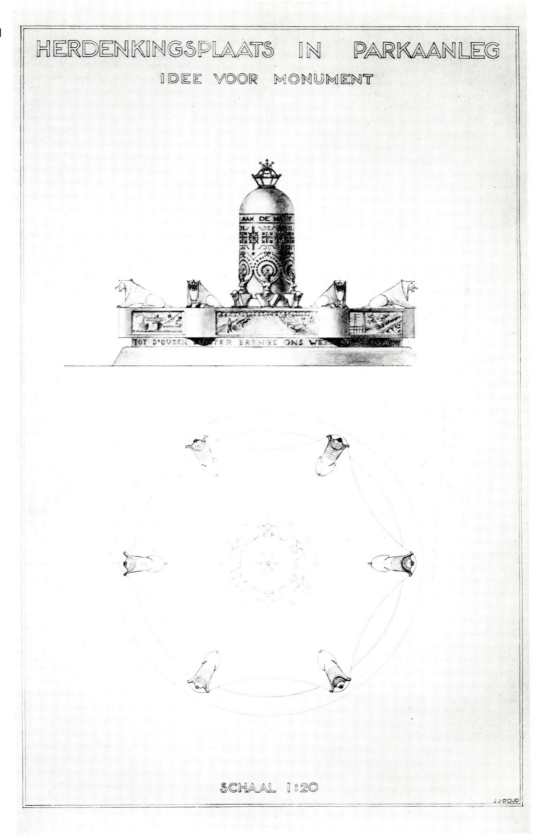

125

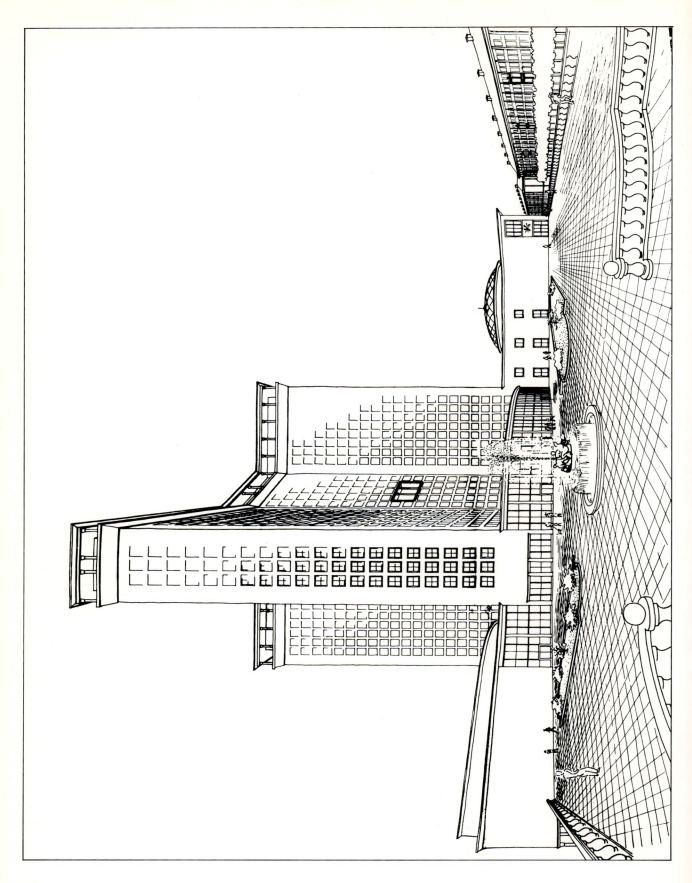

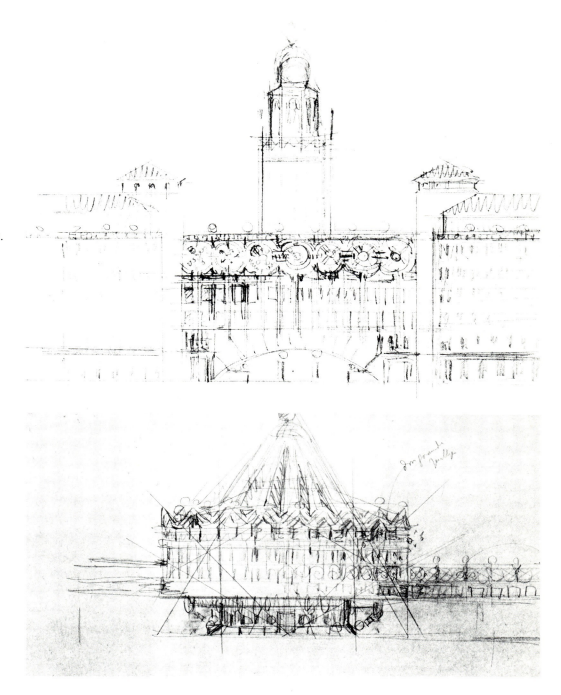

94
Hofplein, Projekt,
Hauptgebäude,
Zwischenstufe.
Rotterdam, 1942

95
Entwurf für die
Hofplein-Bebauung
mit Kirche.
Rotterdam, 1942

96
Entwurf für
ein Café am Hofplein.
Rotterdam, 1943

Fassade erinnert an das Werk von Peter Behrens und reflektiert die internationale
Tendenz der dreißiger Jahre zu einer Architektur mit klassizistischen Zügen. Man
geht gewiß zu weit, wenn man hierin Einflüsse der deutschen ›Naziarchitektur‹
sehen wollte; aber die beherrschende Symmetrie, die Reihung langer, ununterbro-
chener Vertikalen in den Fensterzonen sind gemeinsame Elemente. Die Einführung von Zierelementen über dem Haupteingang, dem Mittelrisalit der Rückseite
des Gebäudes und an der Dachterrasse schockierten seine Kollegen. Die glasver-
kleideten seitlichen Treppenhäuser dagegen und die linearen Elemente in der
kreisförmigen Speisehalle sind fest in der Tradition des Internationalen Stils veran-

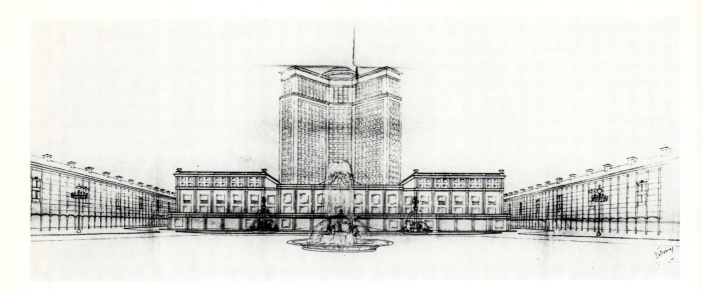

kert. Oud widmete sich leidenschaftlich der Arbeit an diesem Gebäude, das sein Lieblingsprojekt war[158].

Oud steht mit den akademisierenden Tendenzen dieses Werkes nicht allein in der holländischen Architektur der dreißiger Jahre. Auch B. van Ravenstein gab seinen Bauten einen betont dekorativen Charakter, die Mitglieder der ›Groep 32‹ (Gruppe 32) inspirierten sich an der Architektur vergangener Stilepochen. Man findet in ihren Werken jedoch nicht jenes hohe Maß von Originalität, das Ouds Schaffen auch nach der Abwendung von den De Stijl-Prinzipien so bemerkenswert macht[159].

Nach der Vollendung des Shell-Hauses konzentrierte Oud seine schöpferische Energie zunehmend auf die Entwicklung eines neuen ornamentalen Kanons. Um 1942/43 entstand das Projekt für ein Nationaldenkmal in einer Parkanlage *(Abb. 93)*. Eine kuppelbekrönte Brunnensäule trägt das Spruchband: ›*AAN DE NATIE*‹. Auf dem Sockelfries des Brunnenbeckens ist zu lesen: ›*TOT OUDEN LUISTER ONS WEER NIEUWE KRACHT*‹. Der Architekt versucht, heterogene Stilelemente zu neuem Leben zu erwecken: ägyptische, vorderasiatische und fernöstliche Assoziationen sind in dem archaisierenden Ornament- und Skulpturenschmuck verarbeitet. Die Reliefs am Brunnenbecken hingegen zeigen naturalistische Darstellungen aus moderner Industrie, Landwirtschaft und dem Verkehr.

Zwischen 1937 und 1947 arbeitete Oud an einer Serie von Projekten mit dem Bestreben, das verlorene Paradies einer emotional bestimmten Architektur wiederzufinden. Dieses Suchen gipfelte in den zahlreichen Studien aus den Kriegsjahren für die Neubebauung des Rotterdamer Hofplein *(Abb. 94–96)*. Die Skizzenblätter, aber auch die ausgeführten perspektivischen Ansichten zeigen eine neuartige Architektur, besonders die Einzelformen wirken innovativ, die Formenfülle grenzt oft ans Visionär-Phantastische; aber aus der bisher gewohnten Sichtweise Ouds erinnert der Stilcharakter dieser Zeichnungen an das 19. Jahrhundert. Mit unfehlbarer Sicherheit werden Volumen und Maßverhältnisse gemeistert, eine Fülle von Motiven aus einer scheinbar unbekannten Welt offenbart sich.

Auf einer Variante der Endfassung des Hofplein-Projekts *(Abb. 97, 98, 100)* sind die Baublöcke aus der Vogelschau gezeichnet. Dem Sechseck des Platzes ist ein

97
Hofplein, Projekt, Hauptgebäude, Zwischenstufe. Rotterdam, 1942

98
Hofplein, Projekt, Endfassung. Rotterdam, 1943

99
Hofplein, Projekt, Variante der Endfassung. Aus der Vogelperspektive. Rotterdam, 1943

100
Hofplein, Schematische Abwicklung einer weiteren Variante. Rotterdam, 1943

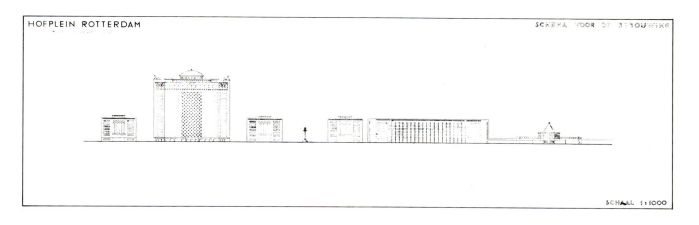

SCHAAL 1:1000

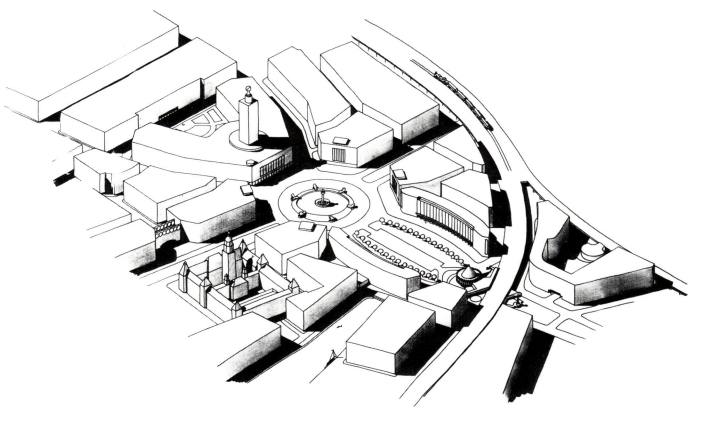

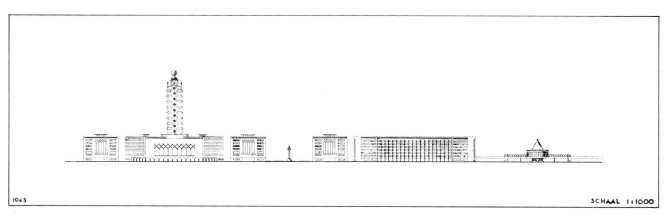

1943

SCHAAL 1:1000

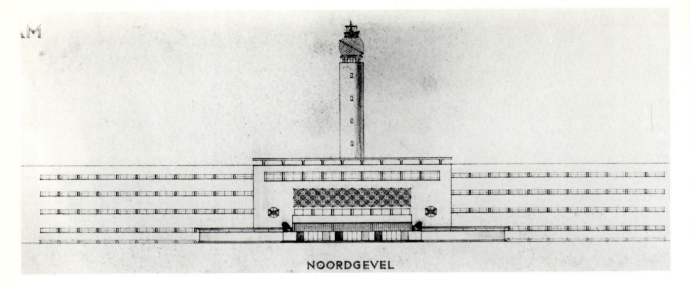

NOORDGEVEL

101
Rathaus, Projekt,
Vorderfront.
Amsterdam, 1943/44

102
ESVEHA-
Verwaltungsgebäude,
Vorderfront.
Rotterdam, 1947

103
ESVEHA-
Verwaltungsgebäude,
Teilansicht
der Kundenhalle.
Rotterdam, 1947

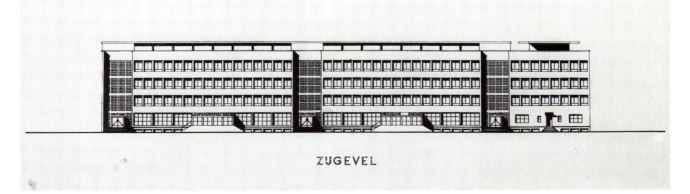

ZUGEVEL

104
Verwaltungsgebäude
der königlich
Niederländischen
Hoogovens en
Staalfabrieken N. Y.,
Projekt.
Ijumiden, 1948

105
Verwaltungsgebäude
der königlich
Niederländischen
Hoogovens en
Staalfabrieken N. Y.,
Projekt,
Aufriß der Südseite.
Ijmuden, 1948

Rondell eingezeichnet. Als ob sie atmeten, sind die Straßenfluchten und die säulengeschmückten Kolonnaden des Ehrenhofes vor dem Hauptplatz *(Abb. 99)* in ausladende Schwingung geraten. Wirkungsmöglichkeiten des Römischen Barock werden in dieser Architektur aktualisiert.

Zu Ouds tiefer Enttäuschung wurde sein Projekt für den Hofplein abgelehnt, die funktionalistische Konzeption von Mart Stam trug den Sieg davon. Oberstes Gesetz für die Gestaltung des Platzes war der Verkehrsfluß, die unheilvolle Konzeption der ›autogerechten‹ Stadt wurde hier verwirklicht: ›Jede Rücksichtnahme auf die ästhetisch-architektonische Gestaltung hat überhaupt keinen Sinn mehr, wenn der Verkehr ständig zunimmt.‹ [160]

Nach den herrschenden Ansichten der vierziger Jahre und der frühen Nachkriegszeit mußten Ouds Entwürfe als das Werk eines Außenseiters erscheinen, das nicht in der eigenen Zeit verwurzelt ist.

In den vierziger Jahren scheint Oud die problematischen Seiten seines neuen Stils zunehmend empfunden zu haben. Der Entwurf für die Nordfassade des Rathauses von Amsterdam *(Abb. 101)* bewahrt die strenge Achsialität des Shell-Hauses. Der Rathausturm wird statt von einer Kuppel von einer wohl gläsernen Weltkugel gekrönt, deren Ozeane eine Kogge tragen. Der traditionelle Rathausturm ist hier also durch ein neues, weit sichtbares Wahrzeichen bereichert, ein Motiv, das einerseits an barocke Embleme oder heraldische Figuren erinnert, anderseits aber auch Züge moderner Lichtreklame trägt. Über dem Eingang im Mittelrisalit befindet sich ein rechteckiges Feld mit Rautenornamenten, vergleichbar dem Zierrat über dem Eingang des Shell-Hauses. Die Seitenflügel mit ihren schmalen, durch-

131

106
Spaarbank,
Blick auf Haupt- und
Seitenfassade.
Rotterdam, 1948–1950

laufenden Fensterbändern bilden eine Art Endlosarchitektur. Nichts ist geblieben von dem rhythmisch wohldurchdachten Spiel von Asymmetrien, negativen und positiven Volumen, wie man es aus Ouds vorangegangenem Schaffen kennt. Das Streifenwerk wirkt wie eine eigentümlich abstrakte und modernistische Begleitung des Mittelbaus mit seinen akademischen und symbolischen Gestaltungselementen.

Eine Reihe von Projekten aus den späten vierziger Jahren zeigt Ouds allmähliche Rückkehr zum Hauptstrom der internationalen Architektur, an die er sich nach 1950 wieder anschloß. Im Esveha-Haus aus dem Jahre 1947 *(Abb. 102, 103)* zeigt sich wieder sein Sinn für strukturale Ehrlichkeit und visuelle Klarheit. Das recht kleine Gebäude ist ein anspruchsloser, aber sorgfältig ausgeführter Entwurf. Die gerahmte Fassade sitzt fest auf einem dunklen Sockel auf und endet mit einem leicht vorspringenden Flachdach. Die Reihenfolge von tragenden Diensten, Fensteröffnungen und verbleibenden Mauerteilen unterteilt die Fassade in einem ansprechenden Rhythmus. Bezeichnenderweise ist der Eingang jetzt nicht mehr in

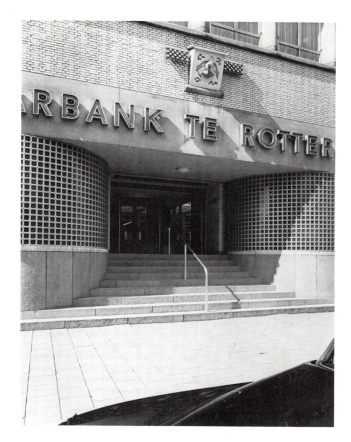

107
Spaarbank,
Haupteingang.
Rotterdam, 1948–1950

108
Spaarbank,
Fahrstuhl.
Rotterdam, 1948–1950

der Mitte angebracht, sondern an die äußerste rechte Seite verschoben. Die schlichte Inschrift ESVEHA über dem Portalsturz wird zum architektonisch gliedernden Element, wie man es schon vom Café ›De Unie‹ kennt. Daß das letzte Drittel der Dienste, bevor sie die Sockelzone erreichen, durch die Eingangsöffnung kurzerhand weggeschnitten wird, ist von geistvoller polemischer Wirkung.

Die folgenden Projekte zeigen, daß die experimentelle Phase in Ouds Schaffen weiterhin anhielt, der Traum von einer Synthese von Internationalem Stil und überkommenen Elementen. Das Projekt für das Verwaltungsgebäude der Stahlfabriken in Ijmuiden (Abb. 104, 105) zeigt im Detail das Vokabular der Moderne, die Baukörper sind jedoch auch hier von akademisch symmetrischer Gliederung.

Die Sparkasse zu Rotterdam von 1948–1950 (Abb. 106, 107) ist im heimatlich-traditionellen Klinker über einem Natursteinsockel errichtet. Die Fenster sind durch recht schwere Stützen in kleinen Abständen unterteilt, die Rundfenster, welche die Hauptfassade rahmen, zeigen Ornamentfüllungen. Dieses konservative Material- und Formengut wird mit Motiven konfrontiert, bei denen Erfahrungen der De Stijl-Periode genutzt werden. Die Seitenfassade zeigt wiederum das asymmetrische Gleichgewicht, das Ouds frühere Bauten so berühmt machte. Die Terrassen mit ihren diagonalen ›Strebebögen‹, den halbrunden Betondächern und den halbrunden Brüstungspfeilern wirkt ornamental, aber in einem puritanisch-modernen Sinn. Die weiß emaillierte Aufzugverkleidung im Innern (Abb. 108) ist in der Verteilung von Lichtschlitzen, Griffen, Aufschrift und Schaltknopf-Tableau eine Ausgewogenheit der einzelnen, verschieden großen Formelemente, die an die Bilder van Doesburgs oder Mondrians erinnert.

Das Armee-Denkmal in Grebbeberg von 1948 *(Abb. 109)* ist von einer Treppenanlage mit abgerundeten Ecken gerahmt, die nach Art eines Amphitheaters einen schlichten Glockenpfeiler umgibt. Mit größter Zurückhaltung versucht der Architekt, eine Aufgabe zu meistern, für die in der Nachkriegszeit nur ganz selten überzeugende Lösungen gefunden wurden.

Das Denkmal für die Opfer des Zweiten Weltkrieges in Amsterdam *(Abb. 110)* nimmt Motive des Projekts für ein Nationaldenkmal aus den Jahren um 1942/43 wieder auf; auch den geplanten Skulpturenschmuck für den Rotterdamer Hofplein hätte man sich vielleicht ähnlich vorzustellen. Ein konisch zulaufender Pfeiler erhebt sich inmitten einer konzentrischen Treppenanlage. An dem Pfeiler sind Reliefs mit heroischen Männergestalten und vollrunden Skulpturen angebracht. Umgeben ist die Anlage von stilisierten Löwengestalten auf zylindrischen Sockeln.

109 (S. 134)
Nationaldenkmal der Armee, Luftaufnahme. Grebbeberg bei Rhenen, 1948

110 (S. 135)
J. J. P. Oud, John Raedeker, Nationaldenkmal für die Opfer des Zweiten Weltkrieges. Enthüllungsfeierlichkeiten in Anwesenheit von Königin Juliana. Amsterdam, 1949

›Komplette Architektur‹ und ›Melodie der Räume‹

Nach 1950 nimmt Oud endgültig Abschied von seinen Versuchen, aufgrund von akademischen und historisierenden Traditionen einen neuen Stil zu begründen. Das Internationale Bauen wird für ihn wieder die verbindliche Sprache der Architektur. Die ›komplette Architektur‹ ist die Summe, die er aus den Erfahrungen seines Baumeisterlebens zieht. Die Moderne ist für ihn jetzt ganz losgelöst von regelhaften Prinzipien; eine neu erworbene, souveräne, um nicht zu sagen dichterische Freiheit der Formen kennzeichnet die Architektur seiner letzten Jahre. Gemäß einem uralten *concetto* sieht er jetzt Zusammenhänge zwischen Baukunst und Musik; seine neue Auffassung von Architektur erscheint ihm als Melodie.
In der Arbeitersiedlung zu Arnheim *(Abb. 111)* besinnt er sich zurück auf seine Wohnblöcke in Tusschendijken von 1920 *(Abb. 41, 42)*. Die Ablehnung seiner Pläne für ein neues Regierungsgebäude der Provinz Süd-Holland, 1950/51 *(Abb. 112, 113)*, war für ihn ein harter Schlag. Die Pläne beeindrucken aufgrund ihrer

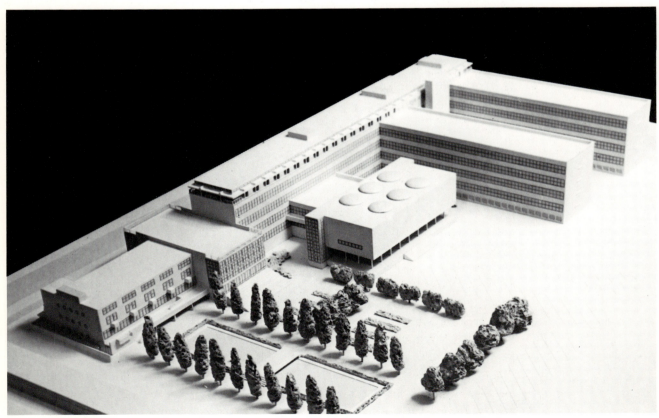

112
Landtagsgebäude
für die
Provinz Südholland,
Projekt,
Vorderfront des Modells.
Den Haag, 1952

113
Landtagsgebäude
für die
Provinz Südholland,
Projekt,
Rückseite des Modells
aus der Vogelschau.
Den Haag, 1952

114
Religiöses Zentrum,
Projekt. Oostduin, 1951

stilistischen Folgerichtigkeit und des sparsamen Vokabulars. Lange, waagerechte Fensterbänder halten die Fassade zusammen und werden belebt durch sparsam gesetzte Akzente plastischer Formen, wie zum Beispiel herausragende Balkone. Im Panorama des Internationalen Stils um 1950 gab es wenige Architekten, die ein feineres Empfinden für vereinfachte, aber kraftvolle Kompositionen im größeren Maßstab zeigten; Projekte wie das Südhollandgebäude wurden ungerechterweise von den Historikern der modernen Architektur übersehen; dem Projekt gebührt ein herausragender Platz in der Architektur, die bald nach dem Zweiten Weltkrieg entstand.

Das gleiche gilt für das Projekt eines religiösen Zentrums in Oostduin (Abb. 114) und für das ausgeführte Verwaltungsgebäude der Utrechter Versicherung in Rotterdam (Abb. 115–118). Insbesondere das Innere zeigt ein Empfinden für abstrakte Proportionsverhältnisse und sorgfältig ausgearbeitete Details, wie man es ähnlich aus dem Werk von Mies van der Rohe kennt. Es kann kein Zweifel bestehen, daß Oud um 1950 von der Architektur Mies van der Rohes fasziniert war. Das Christliche Lyzeum im Haag (Abb. 119, 120) zeigt Ouds ungewöhnliche Fähigkeit für originelle Proportionierung und dramatische Einzelheiten. Meisterhaft sind die Beziehungen zwischen ungegliederter Wand und plastisch herausragendem Detail gelöst. Diese Werke, zu denen auch die Bio-Heilanstalt in Arnheim (Abb. 121, 122) zu zählen ist, müssen neu bewertet werden; ihnen muß der gebührende Platz in der Architektur der frühen fünfziger Jahre angewiesen werden.

Das Projekt für das Haus Plate aus dem Jahre 1960 in Voorburg (Abb. 123, 124) ist wieder den Prinzipien der zwanziger Jahre verpflichtet, jedoch in einer ganz uneklektischen Weise. Oud gelang es, in Komposition und Farbe eine prismatische Klarheit und eine formale Vielfalt zu erreichen, wie der Vergleich von Vorder- und Rückseite zeigt.

Nach 1957 konzentrierte Oud seine schöpferischen Energien auf das geplante Kongreß-Zentrum im Haag (Abb. 125). Mehr als einhundert Zeichnungen und Pläne bezeugen sein Ringen um dieses Projekt. Das Kongreß-Zentrum ist als eine Synthese seines Spätwerkes zu verstehen. Es war Teil eines größeren Vorhabens, nämlich der Planung des gesamten Gebietes. Diese Planungen entwickelten sich

115
Verwaltungsgebäude
der Utrecht-Versicherung,
Eingangsseite.
Rotterdam, 1951–1954

116
Verwaltungsgebäude
der Utrecht-Versicherung,
Rückseite.
Rotterdam, 1951–1954

117
Verwaltungsgebäude
der Utrecht-Versicherung,
Eingangshalle.
Rotterdam, 1951–1954

118
Verwaltungsgebäude
der Utrecht-Versicherung,
Aufzüge
in der Eingangshalle.
Rotterdam, 1951–1954

142

119
Oud, Roijackers,
van den Ijssel, Appel,
Christliches Lyzeum,
Straßenfront.
Den Haag, 1951–1954

120
Oud, Roijackers,
van den Ijssel, Appel,
Christliches Lyzeum,
Straßenfront, Teilansicht.
Den Haag, 1951–1954

121
Komplex
der Bio-Heilanstalt.
Arnheim, 1952/53

122
Komplex
der Bio-Heilanstalt.
Arnheim, 1952/53

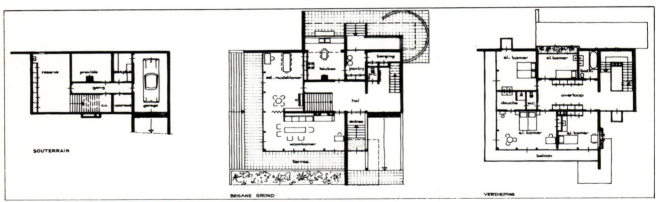

in einem Prozeß ständiger Veränderungen und erreichten ihre endgültige Form erst um 1960/61. Senkrechte und Waagerechte, Massen und Hohlräume, geometrische Formen und bildhauerische Elemente werden zu einer eindrucksvollen Synthese zusammengefaßt. Wie bei ihm üblich, sind die Farben rot, blau und gelb vorherrschend. Während das Kongreß-Zentrum erbaut wurde, starb der Architekt. Bei der Fertigstellung wurden von der Bauleitung leider erhebliche Änderungen vorgenommen, die nicht immer die Grenze des Stümperhaften vermeiden.

Ouds Werk in den fünfziger Jahren ist eines der übersehenen Kapitel in der Geschichte der Architektur nach dem Zweiten Weltkrieg. Korrekturen sind hier notwendig. Im Verlauf der Geschichte ist kein Platz für Sentimentalitäten und persönliche Vorliebe; man muß auf einer gerechten und vor allem wohlinformierten Beurteilung beharren, die bisher nur in Ansätzen vorhanden ist.

123
Plate-Haus, Projekt, perspektivische Ansicht. Voorburg, 1960

124
Plate-Haus, Projekt, Grundrisse. Voorburg, 1960

125
Oud, Appel, Kongreßzentrum, Modell aus der Vogelschau. Den Haag, 1960

Epilog

Jacobus Johannes Pieter Oud war eine komplexe Persönlichkeit. Es lag ihm, durch Charme zu gewinnen, er war aber zeitweilig auch ein schwieriger und verschlossener Mann. Es fiel ihm nicht schwer, gelegentlich durch spielerisch hingeworfene Aperçus die niederländische Königin aus der Fassung zu bringen; er konnte auch nach wenigen Minuten wichtige Besprechungen mürrisch verlassen und die verdutzten Verhandlungspartner den Vermittlungsbemühungen seiner Frau überlassen. Oud war im menschlichen Kontakt oft auf seine Frau angewiesen, die Zusammenarbeit mit dem Baumeister war nicht leicht, seinen Assistenten gegenüber scheint er sich jedoch immer fair verhalten zu haben.

Der Architekt hat es nie zu finanziellem Wohlstand gebracht. Die künstlerische Unabhängigkeit stand ihm über allem. Von einem florierenden Architekturbüro Ouds im üblichen Sinne kann daher nicht gesprochen werden, und sein Oeuvre blieb relativ klein. Überraschend, aber typisch für Oud ist die Tatsache, daß er nie ein eigenes Haus besessen hat, ja, es lassen sich noch nicht einmal Entwürfe oder Skizzen für ein derartiges Unterfangen nachweisen. Die physische Umwelt dieses höchst sensiblen Baumeisters war ohne jede architektonische Distinktion.

Oud besaß eine unendliche Geduld beim Entwerfen, die seine Zeichner und Assistenten zeitweise zur Verzweiflung brachte. Eine auf einem Briefumschlag oder einem herumliegenden Stück Papier schnell entwickelte Idee war meist der Ausgangspunkt für ein Projekt, das dann vom Zeichner im ersten Anlauf durchzugestalten war. Darauf folgte der lange Prozeß der Korrekturen und Verfeinerungen, der manchmal noch auf der Baustelle fortgesetzt wurde. Die vielen Varianten von selbst weniger wichtigen Details, die man im Nachlaß findet, und eine Reihe von Anekdoten bezeugen diese fast zum Exzeß getriebene Sucht zur Korrektur und Perfektion. Hier erinnert Oud an die Arbeitsweise Mies van der Rohes.

Den Architekten Oud zeichnete ein starker Drang zu literarischer Produktion aus. Seine in Holländisch oder in elegantem Deutsch, Englisch oder Französisch geschriebenen Aufsätze sowie die reichhaltige Korrespondenz mit fast allen bedeutenden Zeitgenossen seines Faches zeigen Oud als einen Meister des Stils. Auch zögerte er nicht, vor allem nach dem Zweiten Weltkrieg, zu lokalen architektonischen Problemen in der niederländischen Presse Stellung zu nehmen. Eine bemerkenswerte Bibliothek diente ihm wohl als inspirierender Hintergrund. Offensichtlich war ihm die Verbindung mit hervorragenden Kollegen, Künstlern und Historikern wesentlich; die lange und eindrucksvolle Liste der Besucher in Leiden, Rotterdam und Wassenaar belegt dies deutlich. Dabei konnte Oud so verschiedenen Naturen wie Schwitters und Hitchcock das Beste abgewinnen.

Die seit Mitte der zwanziger Jahre auftretende Nervenschwäche machte lange Reisen zur Qual, Flug- und Schiffsreisen waren unmöglich. Hier liegt auch der Grund, warum Oud mehrere verlockende Angebote, unter anderem aus den USA, stets ausschlug. Oud muß unter seiner psychischen Veranlagung schwer gelitten haben. Wieweit sie die Entwicklung seines Werks beeinflußt hat, läßt sich nicht mit Sicherheit sagen; daß sie eine Rolle gespielt hat, wird man kaum bestreiten dürfen.

Für den Architekten stellte sich, besonders im Spätwerk, Bauen als ein Totalkunstwerk dar, das über die Integration von Malerei und Skulptur zur räumlichen Harmonie und Spannung, zur ›Melodie der Räume‹, wie Oud sich ausdrückte, vorstoßen sollte. Es galt, Farbe, plastische Form und räumliches Erleben aufeinander abzustimmen. In weniger gelungenen Bauten blieben diese Aspekte seltsam unverbunden, verharrten im rein Additiven; in Ouds besten Entwürfen der fünfziger Jahre ist dieses Ideal auf beeindruckende Weise verwirklicht worden.

Diese Entwürfe, wie alle schöpferische Arbeit, konnten nach Auffassung des Baumeisters Oud nur dem künstlerischen Genie und dem Verantwortungsbewußtsein des Individuums entspringen. Daher war ihm Gropius' Idee des *teamworks* fremd und daher pflegte er die freundschaftlichen Beziehungen und den geistigen Austausch mit den Individualisten unter den Architekten seiner Zeit *par excellence*: Henry van de Velde, Mies van der Rohe und Frank Lloyd Wright. Natürlich waren im Entwurfs- und Bauprozeß Konsultationen verschiedenster Art notwendig; aber im Letzten war es sein eigener Formwille, die persönliche Sensibilität des Baumeisters, die dem Projekt Ordnung und ästhetische Gestalt verliehen. Architektur war für Oud Schöpfungsakt im Sinne Louis I. Kahns; Bauen ist individuelle Formgebung in der Tradition der großen Architekten seit der Frührenaissance.

Die dem Historiker zugänglichen Zeugnisse lassen Oud als einen Mann erscheinen, der wohl unter seiner ungewöhnlichen Begabung und psychischen Konstellation zu Zeiten schwer litt, der sich aber seines Ranges durchaus bewußt war. Er muß zu den bedeutendsten Gestalten unter den Architekten der ersten Hälfte unseres Jahrhunderts gerechnet werden, eine Stellung, die durch den Gang der jüngsten Baugeschichte noch unterstrichen wird. Karl Scheffler hat einmal versucht, die singuläre Bedeutung von Ouds Freund Henry van de Velde dadurch zum Ausdruck zu bringen, daß er ihn als genau den Persönlichkeitstypus bezeichnet, nach dem sich Friedrich Nietzsche in seiner Einsamkeit gesehnt hat. Man möchte glauben, daß Jacobus Johannes Pieter Oud gegen eine ähnliche Wertung seiner Person und seines Werks kaum Einspruch erhoben hätte.

Einführende Bemerkungen
über Ouds Schrift ›Mein Weg in 'De Stijl'‹

›Mein Weg in 'De Stijl'‹ handelt von Ouds architektonischen Überzeugungen und von seiner künstlerischen Entwicklung, wie der Baumeister sie gegen Ende seines Lebens sah. Das große Leitmotiv war, so Oud, aus der neuen Ästhetik eine Form für das Bauen zu finden, diese Form zusammenwachsen zu lassen mit dem sozialen Leben unserer Zeit und, weiter fortschreitend, die Form auch äußerlich zu einem Bauen zu entwickeln, das der heutigen gesellschaftlichen Existenz entspricht. Mit der ihn auszeichnenden Bescheidenheit verzichtet Oud fast vollständig auf Polemik; sie blitzt nur hier und dort auf, wenn er sich besonders berührt fühlt, so wenn er auf seinen Bruch mit van Doesburg zu sprechen kommt oder auf die scharfe amerikanische Kritik an seinem Shell-Haus.

Ouds persönliche Einschätzung der ersten Jahre des De Stijl, seine kühle Berichterstattung über die Gründe seiner Abkehr von der Gruppe, die Darlegung seiner architektonischen Überzeugungen und die mehr emphatische Verteidigung seines Spätwerks sprechen für sich selbst. Sie sind die Äußerungen eines außergewöhnlichen Mannes, der weit komplexer und manchmal schwieriger war, als er es sich in seinem literarischen Selbstporträt anmerken läßt. Wer mit Ouds Werk wenig vertraut ist, wird kaum die Schwierigkeiten seines Lebens, die Fülle der architektonischen Probleme und seine reichen Kontakte mit fast allen führenden Architekten der Welt aus ›Mein Weg‹ herauslesen können. Oud, aus welchen Gründen auch immer, bietet dem Leser die vielfach gefilterte Essenz seiner künstlerischen Erfahrung. Er unterdrückt viel, manchmal glaubt man fast zu sehen, wie er sich auf die Zähne beißt. Dennoch bildet das Nichtgesagte einen fast ebenso wichtigen Teil seiner Persönlichkeit wie der so sorgfältig formulierte Text. Nur andeutungsweise sei hier auf einige Punkte eingegangen, die von Interesse sind für ein Verständnis von Oud. Dies ist nicht als Kritik aufzufassen, sondern als Abrundung des Persönlichkeitsbildes für den Leser.

Auffallend ist, daß Oud erst 1915, als er 25 Jahre alt war, seinen Bericht beginnen läßt. Das erste seiner Werke, das er der Erwähnung wert findet, ist ›De Vonk‹, datiert 1917. Zu diesem Zeitpunkt hatte er jedoch schon ca. 25 Bauten und Projekte fertiggestellt. Er scheint sich bewußt von seinem Jugendwerk zu distanzieren, das durchaus nicht ohne Anspruch ist, wenn es auch noch nicht die spätere,

149

seine eigene Handschrift verrät. Wohl damit in Zusammenhang stehend bemerkt man überrascht, daß Oud seinen großen Lehrer und väterlichen Freund, H. F. Berlage, über dessen Werk er ausführliche Studien publizierte, mit keinem Wort erwähnt. Gleiches gilt auch von Frank Lloyd Wright, dem Oud um 1919 deutlich verpflichtet ist. Oud verrät wenig über die Diskussionen und Kontakte zwischen den Mitgliedern der De Stijl-Gruppe. Nur Mondrian und van Doesburg werden ausführlicher behandelt; die persönliche Freundschaft zu beiden Künstlern färbt und belebt den Bericht. Man wüßte gern mehr über Ouds Einstellung zu den frühen Arbeiten Rietvelds und Vantongerloos, die wohl doch von einer gewissen Bedeutung für ihn waren.

Gropius wird nur einmal erwähnt, im Zusammenhang mit van Doesburgs Besuch in Weimar. Hier enthält Oud dem Leser sehr viel vor. Die reichhaltige Korrespondenz beweist, daß zwischen beiden Architekten bis etwa 1930 ein gutes Einvernehmen bestand. Sie belegt auch den Einfluß, den Oud (und nicht van Doesburg, wie so oft angenommen wird) auf das Bauhaus und Gropius hatte. Diese Fragen werden nirgends gestreift. Ouds Haltung zum Zeitpunkt der Abfassung von ›Mein Weg‹ ist wohl eine Reaktion auf Gropius' *teamwork*-Begeisterung, eine vermeintliche Sünde, die ihm Oud nie vergab.

Oud unterdrückt in seiner Diskussion der zwanziger Jahre eine andere Seite seines Schaffens: das ununterbrochene Experiment mit einem Vokabular, das weit entfernt ist von der Strenge und Klarheit seiner gefeierten Hauptwerke. Und doch liegen hier schon die Wurzeln für seine spätere Desavouierung des ›International Style‹. Ferner überrascht, daß Oud den vielen bedeutenden Künstlern, Architekten und Historikern der Moderne, die nach Holland pilgerten, um ihn zu besuchen, keine Zeile widmet. Gropius, Mendelsohn, Lissitzky, Schwitters, Johnson, Giedion und Barr, um nur einige zu nennen, waren alle Ouds Gäste; auch hier wünschte man sich mehr Informationen. Erstaunlich ist auch, daß Oud seine vielseitigen Aufsätze, Reden und theoretischen Positionen nicht wenigstens anmerkt. Nur einmal zitiert er aus einem 1921 verfaßten Programm, das aber schon 1923 überholt erscheint.

Und schließlich bleibt der Mensch J. J. P. Oud völlig im Hintergrund, jede persönliche Regung wird sorgfältig ausgespart. Keine vorübergehende Schwäche, kein emotionaler Höhepunkt, keine momentane Zufriedenheit klingt an. Wir wissen von schweren persönlichen Krisen, die Oud in den dreißiger und vierziger Jahren zu meistern hatte und die sicher nicht ohne Einfluß auf seine relativ geringe Produktion in den Jahren 1932 bis 1937 blieben. Wir wissen auch von Perioden psychoanalytischer Therapie, der sich Oud unterzog, und die vielleicht seine Hinwendung zu reichhaltiger Ornamentik in den vierziger Jahren beeinflußt hat.

So muß denn Ouds autobiographischer Bericht als ein sehr kondensierter Abriß gelesen werden, der dennoch von großer Faszination und Reichhaltigkeit bleibt. ›Mein Weg‹ ist das Zeugnis eines der bemerkenswertesten Baumeister unseres Jahrhunderts, das gerade in seiner Schlichtheit, Direktheit und Aufrichtigkeit die noble Persönlichkeit Ouds widerspiegelt. Überdies sprechen die Zeilen in ihrem Verlangen nach einer komplex-emotionalen Architektur und in ihrem Blick auf die soziale Verantwortlichkeit des Architekten die brennenden Probleme an, denen wir heute, in den letzten Jahrzehnten des 20. Jahrhunderts, gegenüberstehen. ›Mein Weg‹ ist hochaktuell.

J. J. P. Oud: MEIN WEG IN 'DE STIJL' 1957/58

Der Anfang: Das Suchen nach klaren Formen für klar definierte Zwecke

Als ich mich 1915 als Architekt in Leiden niedergelassen hatte, kam mir bald darauf ein Büchlein über moderne Malerei in die Hände – es können auch Auszüge aus Veröffentlichungen in der Presse gewesen sein –, wovon ich stark gefesselt wurde. Der Autor war: Theo van Doesburg.

Was mich darin am meisten traf, war ein Vergleich, der zwar nicht als Ganzes stimmte, mich aber besonders packte. Der Vergleich lautete so: Wenn ein Fotograf einen Apfel fotografiert, sehen wir als Ergebnis den Apfel so, wie dieser sich uns in der Natur zeigt. Gibt ein Maler einen Apfel wieder, so sehen wir den Apfel ebenfalls, allerdings verändert. Es ist etwas hinzugekommen. Die Emotion, die der Maler in sein Werk legte, hat diese Änderung bewirkt. Der fotografierte Apfel macht uns weder warm noch kalt, der gemalte Apfel aber rührt uns an. Die Ursache liegt in dem, was der Maler hinzugefügt hat. Der Apfel selbst hat damit also nichts zu tun. Die Folgerung: Man lasse den Apfel weg und übertrage die Emotion unmittelbar auf die Leinwand, also ohne das Medium der Naturdarstellung.

Der Autor umschrieb auf diese Weise das Entstehen der abstrakten Kunst. Außerdem nahm er an, der Apfel selber wirke ablenkend und hindere den Maler daran, seine Absicht so rein wiederzugeben, wie er das könne. In dieser Zeit interessierte ich mich sehr stark für die moderne Malerei: Kubismus, Futurismus usw. Was van Doesburg behauptete – der Vergleich war nur ein Teil davon –, drückte einigermaßen das aus, was mich in der modernen Malerei anzog. Und so schickte ich ihm auf dem Weg über den Drucker einen Brief, um ihm mein Interesse zu bezeugen. Eigenartigerweise stellte es sich heraus, daß der Autor ebenfalls in Leiden wohnte, und es lag in der Art van Doesburgs, sofort nach Empfang des Briefes auf mich zuzukommen. So fing unsere Freundschaft an.

Die Folge dieser Begegnung war, daß wir über Probleme der modernen Kunst endlos debattierten. Van Doesburg publizierte vieles darüber in einem Blatt, das, wenn ich mich recht erinnere, ›Einheit‹ hieß. Er malte selbst und dichtete. Als Architekt interessierte ich mich für alles, was auf dem Gebiet der modernen Kunst lag; denn ich witterte, daß auf dem Gebiet der Architektur Ähnliches geschehen müsse.

Als Ergebnis unseres Wunsches, aktiv zu werden, gründeten wir in Leiden den Verein ›Die Sphinx‹. Wir wollten durch Vorträge und Ausstellungen Propaganda machen für unsere Gedanken und versuchen, den Kontakt zwischen den verschiedenen Kunstzweigen zu verstärken. Der Verein aber führte bald ein kümmerliches Dasein, weil es kaum überzeugte Mitarbeit gab; und unser Wunsch, die schwächeren Elemente auszuschließen, hatte zur Folge, daß wir selbst, ich als Vorsitzender und van Doesburg als Schriftführer, dabei daran glauben mußten. So überließen wir den Verein sich selbst.

Auf nächtlichen Spaziergängen rund um Leiden besprachen van Doesburg und ich bis ins Unendliche alle Fragen eines neuen Impulses und der neuen Strömungen in der Kunst. Marinettis futuristisches Manifest lag noch nicht lange zurück, und wir korrespondierten viel mit Gleichgesinnten im In- und Ausland. Nach und nach regte sich das Verlangen, selbst eine Zeitschrift zu haben, die dem Wachsen der neuen Kunst gewidmet sein sollte, und wir machten ernsthafte Pläne in dieser Richtung.

In dieser Zeit der Vorbereitung ergab sich ein Besuch von van Doesburg bei Mondrian, der damals in Laren wohnte. Doesburg malte zu dieser Zeit in einer Art, die ich mit einer etwas ungewöhnlichen Bezeichnung ›konstruktiv-kubistisch‹ nennen möchte; ›potenzierter‹ Cézanne. Auch dichtete er. Seine erste Frau, A. H. Feis, hatte einen Band Gedichte geschrieben, der mit dem Titel ›Verse in Staccato‹ publiziert wurde. Auch die frühen Gedichte Doesburgs waren darunter, ganz kurze Sätze, jeder nur ein paar Worte, abgebrochen-rhythmisch aufeinander folgend, zwar noch mit einem Inhalt, doch im übrigen Klang-Gegensätze, die wohlüberlegt zueinander in Beziehung gesetzt waren, im Literarischen etwa so wie Mondrian später in seinen Malereien: Ordnung von Linien und Flächen.

In der folgenden Zeit nahm die Dichtung eine Ausdrucksart an, die mit der damaligen modernen Malerei übereinstimmte. Ein Stück Natur als Vorwurf, dieses zergliedert mit der Absicht, das Wesentliche daraus zu destillieren, sodann wieder zusammengefügt mit einem geistigen Ziel. ›Splitter vom Kosmos finde ich in meinem Tee‹, war ein Satz aus einem der Gedichte, worin das Gleichzeitige der Geschehnisse wiedergegeben ist, auf dieselbe Art, wie es in der modernen Malerei geschah. Was draußen, auf der Straße, zu sehen war, spiegelte sich in der Oberfläche des Tees von jemandem, der im Zimmer saß. Infolge einer Erschütterung bewegte sich der Tee, und das Bild der Spiegelung wurde zerstört.

So stand es mit Doesburgs Arbeit, als er eines Tages Mondrian besuchte, der in Laren wohnte, in der Nähe von Amsterdam. Abends kehrte er zurück, ziemlich durcheinandergebracht. Zu seiner zweiten Frau, Lena Milius, und mir, die wir ihn an der Straßenbahn abholten, sagte er: ›Wenn die Malerei diesen Weg gehen muß, weiß ich nicht mehr, was werden soll. Dies ist das Ende.‹ Die Depression dauerte aber nur kurze Zeit; bald hatte sich seine anfängliche Aversion in enthusiastische Zustimmung verwandelt.

Etwa um diese Zeit beschlossen wir, ›De Stijl‹ zu starten. Die vorantreibende und bindende Kraft war van Doesburg. Seine Begeisterung war grenzenlos, und er versuchte, jeden und alles mitzureißen. Nach Doesburgs Heft ›Zehn Jahre Stijl, 1917–1927‹ hatten an der Gründung teil: V. Huszar, A. Kok, P. Mondrian, J.J.P. Oud und er selbst, als Leiter. Die wirklichen Sorgen kamen auf sein Haupt. Auch finanziell hatten zunächst er und seine zweite Frau darunter zu leiden. Aber Doesburg war der Motor, der unaufhörlich antrieb.

Die Absicht, die bei der Gründung von De Stijl vorwaltete, war, zu bewirken, daß das Individuelle in der Kunst dem Universellen seinen Platz abtrat. Ausgangspunkt: Das Leben solle sich immer mehr von der Natur abwenden, so werde es ›abstrakt‹; die Bedeutung des Individuums müsse verschwinden und werde verschwinden zugunsten des Universellen. Das Ergebnis: eine allgemeine Kunst, ein ›Stijl‹. In der Malerei sollte das ›Abbildende‹ ersetzt werden durch das ›Gestaltende‹, das ›Von-draußen-her‹ durch das ›Von-innen-heraus‹. Das ›Begrenzte‹, die Wiedergabe eines Ausschnittes aus der Natur, sollte abgewirtschaftet haben. Es sollte eine Malerei kommen, die ausschließlich mit eigenen Mitteln arbeitete: mit Linie und Farbe. Sie dürfe sich in ihrer ästhetischen Reinheit nicht trüben lassen durch die Nebensächlichkeiten der Natur-Darstellung oder der Erzählung. Sonst würden Linie und Farbe in ihrer Besonderheit schon von vornherein festgelegt. Malen dürfe man nicht mehr mit ›Schmutz und Dreck‹, wie Doesburg die abgestuften Farben nannte, die die Dinge in der Natur unter Einfluß von Licht und Schatten annehmen und die naturalistische Maler abzubilden pflegen.

Analog dazu der Sinn des Bauens: Eine Architektur, die möglichst allgemein sein soll, nicht mehr kleine Kunstwerke für einzelne, nicht mehr preziöse Landhäuser in schöner Handarbeit und mit luxuriöser Dekoration, sondern Massenherstellung und Normalisierung in der Absicht, gute Wohnungen für viele zu schaffen. Das Detail als Selbstzweck muß zugunsten des Ganzen verschwinden. Die Maschinenarbeit soll akzeptiert werden aufgrund der Eigenart der Maschine, nicht als Ersatz für Handarbeit. Die Exaktheit des rein technischen Produkts, die wir bewundern (Auto, Dampfschiff, Instrumente usw.), soll Vorbild sein für eine Reform des Bauens, wobei die an ein Bauwerk zu stellenden Anforderungen ebenso exakt zu fixieren und mit neuesten Materialien und durch genaue Konstruktionen und neueste Arbeitsverfahren zu verwirklichen sind. Eine bessere Einteilung der Wohnung, praktischere Küchen, eine bessere Ausnutzung der Lage zur Sonne usw.; der Versuch, durch Rationalisierung und Standardisierung im Kleinen die größte Leistung zu erreichen, der ›Wohn-Ford‹: Licht, Luft und Farbe.

Zu dieser Sachlichkeit gesellte sich der Wunsch, das Formproblem, das in der Malerei zunehmend autonom gestellt wurde, in entsprechender Weise in der Baukunst zu behandeln. Gewiß nicht unerwartet, stellte sich eine weitgehende Richtungsgleichheit zwischen der geistigen und der technischen Entwicklung heraus.

Ästhetisch hatte Mondrian seine These vom Universellen in der Kunst so definiert: ›Gleichgewicht von Lage und Maß der Farbe‹. Das lief darauf hinaus, daß er sich auf ein klares Gegeneinander von Linie und Farbe beschränkte. Seine Theorie besagte, daß man ein Verhältnis am besten durch gerade Linien und primäre Farben ausdrückt. Die Bilder seiner besten Zeit sind Kombinationen dünnerer und stärkerer schwarzer Linien, verbunden mit gelben, blauen und roten Flächen und gestützt durch viel Weiß. Anfänglich hatte er abstrahiert, mit endlosem Durcharbeiten der Wiedergabe eines Stückes Natur, bis er darin ein ›gestaltendes‹ Linienspiel gefunden hatte. Anfangs war das ursprüngliche Stück Natur noch zu erkennen, allmählich verschwand es. Die Natur war ihm zu stofflich, die Gestaltung wurde zu wenig universal. Wenn die Naturdarstellung fast nicht mehr zu erkennen war, blieben noch Reminiszenzen übrig in Form von runden Linien oder einer umgrenzenden ovalen Linie rund um die Malerei auf der Leinwand. Aber auch diese deuteten durch das Umschließende auf das Stoffliche, selbst da, wo Linien sich abstrakt zeigten; also wurden auch sie durch die gerade Linie ersetzt. Ebenso abträglich war eine Rahmung der Malerei, des ›Bildes‹. Der Geist soll weit aus-strahlen, um universell zu sein; also wurde der Rahmen ersetzt durch eine Holz-streifen-Begrenzung, die sich nach der Wand hin verjüngte, verflachte, in die Wand überging. Wurde auf diese Weise die Wand in die Malerei einbezogen, war unvermeidlich auch der Raum einbezogen. In seinem Atelier waren Staffelei, Stuhl und Tisch in verschiedenen Farben gestrichen, wodurch ein gemaltes ›Raumbild‹ entstand.

Es ist dies eine Entwicklung, die von großem Einfluß wurde auf das Bauen und die Raum-Innengestaltung in der ganzen Welt. Mondrian hat seine Auffassung konse-quent und klar formuliert, aber praktisch nur bescheiden genutzt. Er war vor allem Maler. Es war die Stijl-Gruppe, die sie in die Wirklichkeit übersetzte. Mit van Doesburg zusammen habe ich in meinen Bauten vieles erprobt; Huszar tat es in interessanter Weise im Innenraum. Schon längere Zeit beschäftigte sich auch van der Leck mit der Farbgebung des Interieurs; inwieweit er dabei Mondrian voran-ging, vermag ich nicht zu sagen. Es gibt Ähnlichkeiten in beider Entwicklung, aber auch wesentliche Unterschiede. Mondrian baute ein System auf, in dem das eine logisch aus dem anderen hervorgeht, so daß es folgerichtiger und umfassender scheint als van der Lecks Arbeit. Auch geht eine stärkere Beseelung davon aus.

Das Problem aber hatte van Doesburg und mich schon sehr lange beschäftigt, und wir hatten angefangen zu experimentieren, und zwar in Bauten, die ich auszufüh-ren hatte. Die ersten Versuche machten wir an dem Ferienhaus ›de Vonk‹ in Noordwijkerhout, das ich 1917 baute; van Doesburg entwarf einen Kachelfuß-boden für die Halle und bestimmte die Farben der Türen. Hier mag es wohl zum ersten Mal geschehen sein, daß Türen im selben Raum in verschiedenen Farben gestrichen wurden, in der Absicht, eine räumliche Farbkomposition entstehen zu lassen. Außerdem sollte dies eine lösende Aktivität bewirken, im Gegensatz zum Gebundenen, das zur Eigenart der Architektur gehört. Die Starrheit der Konstruk-tion sollte durch die lösende Wirkung dieser Art der Bemalung für das Auge aufgehoben werden. In derselben Absicht gaben wir in kleineren Wohnungen den Wänden verschiedene Farben, um dadurch das Einengende eines Zimmers zu mindern, so daß es geräumiger erscheint. Bei der Bestimmung der Farbe wurde mit dem Lichteinfall gerechnet, je nachdem, ob man es mit direktem oder mit Streif-licht zu tun hatte. Heute ist dies alles selbstverständlich geworden, damals war es eine Revolution. Van Doesburg leistete hier bahnbrechende Arbeit, und das weit durchdachte Farbsystem, das später auch in Amerika aufkam und durch psycholo-gische Überlegungen unterbaut wurde, hat den Initiativen von De Stijl viel zu ver-danken. Die Frage, inwieweit eine destruktive Wirkung der Farbe ausgelöst wird, hat mich damals noch nicht beschäftigt. Erst später habe ich, durch Erfahrung in meiner Arbeit gewitzigt, angefangen, darüber nachzudenken; und es wurde einer der ersten Streitpunkte mit van Doesburg. Aber anfangs gab es nur Enthusiasmus für die erreichten Resultate; van Doesburg entwarf auch Glasfenster und Fliesen-bilder für meine Häuser und gestaltete Druck- und Werbedrucksachen usw.

Aus dieser Zeit datieren meine Versuche, den neuen Geist der freien Kunst in die Architektur hinüberzuführen. 1917 machte ich einen Entwurf für eine Häuserreihe

am Strand-Boulevard von Scheveningen (wiedergegeben im ersten Heft der Zeitschrift ›De Stijl‹, Oktober 1917). Es war ein rhythmisches Spiel straffer Linien und kubischer Massen, die sich vor- und zurückschoben und ineinander griffen wie Perlen einer Kette. Es war eine Reaktion auf die flache Straßenwand, die damals die Regel war, und brachte eine Melodie in die Architektur hinein. Leider kam der Auftrag nicht zur Ausführung. Im Jahre 1919 machte ich den Versuch (s. ›De Stijl‹, März 1920), in einem Fabrikentwurf dreidimensional das zu erreichen, was Mondrian in seiner Malerei zweidimensional verwirklichte. Den Gegensatz von Linien und Farbflächen übersetzte ich dadurch von den Bildern in die Architektur, daß ich Offenes gegen Geschlossenes stellte, Glas gegen Wand. Ich versuchte, diesen Gegensatz zu einem modernen, selbständigen Bauelement zu machen, und verkörperte Mondrians Horizontal-Vertikal-Spannung in horizontal-vertikalen Bauteilen, also ins Dreidimensionale ausgedehnt. Diese Bauteile schossen in- und durcheinander und bildeten so eine architektonische Plastik abstrakter Art. Um dies zu erreichen, war ich zwar genötigt, mit den praktischen Anforderungen zu jonglieren; aber für die Mittelpartie gelang es mir auf diese Weise, ein sauberes Stück architektonischer Plastik zu schaffen, das brauchbar war. (Räume für Getränke-Vorräte sollten ohne Licht sein, was meinen Versuch sehr erschwerte.)
Dieser Entwurf bedeutete in meiner eigenen Entwicklung einen Wendepunkt. Die Initiative, die darin enthalten war, ist auch in der allgemeinen Architekturentwicklung ein Faktor von Wert geworden. (Die ›blinde Architektur‹ von Malewitsch war abstrakt-ästhetischer Art: Skulptur, keine Architektur. Übrigens stammte sie von 1923.) Was ich gefunden hatte, habe ich selbst bald wieder fallen lassen, aus Gründen, auf die ich noch näher eingehen werde. Hier sei nur festgestellt, daß es mich prinzipiell zu etwas Wesentlichem in der Architektur führte. Dies lag allerdings mehr in der Form selbst, ohne daß es klar daraus hervorging; es war die Direktheit, die Spannung, die Klarheit, die Farbe. Die Sprache des Entwurfs selbst bedeutete für mich zunächst weniger als sein Geist, wenn ich auch in einigen Bauten eine Realisierung dieser in gewissem Sinne ›weltabgewandten‹ Ästhetik versuchte, auf der Grundlage des ›normalen‹ Bauens, das heißt, ohne Zweck und Konstruktion des Baues allzusehr in eine vorgefaßte Form zu zwingen. So in einer Bauleitungsbaracke in ›Oud Mathenesse‹ (1922/23) mit verschiedenfarbig gestrichenen Kuben, im Caféhaus ›De Unie‹ in Rotterdam (1924/25) und in der ›Kiefhoek‹-Kirche (1925/29).
Was ich so an äußeren Formen hervorgebracht hatte, blieb trotz allem nicht ohne Wirkung. Es mag z. B. Dudok zu der Boschlustschule angeregt haben, die er zwei Jahre später in Hilversum baute. Er romantisierte dabei allerdings die Formensprache meines Fabrikentwurfes so, daß sie einen anderen inneren Wert erhielt und vom eigentlichen Ziel ablenkte. Trotzdem läßt sich hier eine Vorstufe der Formensprache vermuten, die er später in so virtuoser Weise entwickelte.
1922 schufen van Doesburg und van Eesteren das Modell eines Hauses mit kubistischer Formgebung (›L'Architecture vivante‹, Herbst 1925, S. 3ff., mit einem Aufsatz van Doesburgs), das dem Geiste nach meiner Fabrik ähnelte, die kubistische Formgebung jedoch gewissermaßen zu einem Prinzip abstrahierte. Eine absichtliche Destruktion der Architektur durch die Farbe wird hier demonstriert.
Um 1923 bat mich der Pariser Kunsthändler Rosenberg, einen Entwurf für ein ›Kunstzentrum‹ zu schaffen. Ich schrieb ihm, ich täte es mit Vergnügen, nur

möchte er mich vorher von der Lage des Baugeländes in Kenntnis setzen, worauf er mir antwortete, ein Gelände habe er noch gar nicht ins Auge gefaßt, es handele sich nur um einen Entwurf im Allgemeinen. Da ich mir ein Bauwerk, gelöst von seiner Umgebung, schwer vorstellen kann, sagte ich ab. Darauf haben van Doesburg und van Eesteren ein solches Modell erarbeitet, worin man sich an die Formgebung des mittleren Teiles meines Fabrikentwurfes anschloß, ebenso an ihren Hausentwurf von 1922, alles im Zusammenhang mit Raumprinzipien, die aus der Malerei stammten.

Rietveld, der 1918 an der Zeitschrift ›De Stijl‹ mitzuarbeiten begann und dort auch seine prächtigen Brettermöbel abbildete, konnte 1924 das Thema in die Wirklichkeit übersetzen, als er das Haus Schröder in Utrecht baute. Er erreichte hier beachtenswerte Resultate. Im Innern dieses Hauses ist der Versuch gemacht worden, durch verstellbare Wände und packende Farbgebung eine ›Kontinuität des Raumes‹ zu entwickeln. Es gelang mit gutem Erfolg, obgleich dabei auch klar wurde, daß diese Art zu bauen eher zu Anregungen für die Form als zu sogleich brauchbaren Elementen führte. In den meisten seiner weiteren Arbeiten hat Rietveld dann auch ruhigere Wege beschritten. Sein Interesse für die wichtigsten Probleme des Wohnens hat oft zu praktischen und reizvollen Lösungen geführt, die viel Lehrreiches offenbaren. Vor allem in der Inneneinrichtung von Ausstellungen tauchen die abstrakten Formtheorien von De Stijl wieder auf, begreiflich, weil der Konflikt zwischen Wirklichkeit und Theorie, obgleich im tiefsten Grunde gegenwärtig, hier dennoch nicht störend erscheint.

Es ist angebracht, an dieser Stelle darauf hinzuweisen, daß von ›De Stijl‹ ein viel größerer Einfluß auf die Kunst und das Bauen in der Welt ausgegangen ist, als man gemeinhin annimmt. Und es ist heute ein fester Begriff geworden, daß es in der Welt wohl allein darum geht, etwas zu leisten, daß man aber auch die Begabung haben muß, die Leistung an den Mann zu bringen. Nach dem Tode van Doesburgs, der diese Begabung für De Stijl in hohem Maße besaß, haben andere die Propaganda besser verstanden als die Stijl-Mitarbeiter selbst; und so geriet diese Richtung etwas in den Hintergrund.

Und doch wächst die tiefere Einsicht. In Bruno Zevis Veröffentlichung ›Poetica dell'architettura neoplastica‹ hat De Stijl und dessen Einfluß schon volle Aufmerksamkeit gefunden, und später hat Jaffé in seinem Buch ›De Stijl, the Dutch contribution to modern Art‹ dieser Bewegung eine Standardarbeit gewidmet.

Im Zusammenhang mit dem Einfluß von De Stijl muß ich vor allem daran erinnern, daß van Doesburg sich längere Zeit in Weimar aufhielt und dort einen regen Kontakt mit den Bauhausschülern hatte. Sein Aufenthalt in Weimar war auch von großer Wichtigkeit für den Geist des Bauhauses. Gropius selber hatte noch 1920/21 ein Haus in Berlin-Lichterfelde gebaut, das eine reichlich mit Schnitzerei verzierte Blockhütte war. 1922 aber schuf er plötzlich für das Theater in Jena eine strenge, weiße, eckige und einfache Architektur. Der Umschwung zum Abstrakten ist so abrupt und auffallend, daß man sie auch dem Einfluß van Doesburgs und seiner ›Verkündigung‹ der Stijl-Theorien zuschreiben darf. Übrigens haben Rietvelds Brettermöbel auch deutliche Spuren in den Bauhausmöbeln hinterlassen.

In dem Buch über das Werk von Mies van der Rohe, das Philip Johnson für das Museum of Modern Art in New York erscheinen ließ, wird man finden, daß sich auch Mies um 1923 dem Einfluß von De Stijl öffnete. Aus einer ganzen Reihe von

Entwürfen geht hervor, daß auch dieser Architekt sich angezogen fühlte von den kubistischen Experimenten der ›Stijl‹-Architektur und Grundrisse schuf, die Übereinstimmung mit Bildern Mondrians zeigen. Schließlich gipfelte dies alles in dem Entwurf für den herrlichen Ausstellungspavillon, den er für Barcelona baute. Darin sind in Grundriß und Aufbau auf eine edle Art die neoplastischen Tendenzen Mondrians verkörpert. Es handelt sich auch hier wieder um ein Ausstellungsgebäude, und die reine Poesie, die aus dieser Arbeit spricht, ging in Amerika, wo Mies sich später niederließ, über in eine sachliche Prosa von Zweckbauten. Aber auch an diesen läßt sich der ›Stijl‹-Einfluß noch mühelos erkennen. Auch ein Studium der Arbeiten Le Corbusiers offenbart in dieser Richtung manches.

Aber es hat keinen Sinn, sich über die Bedeutung von De Stijl für die Weltarchitektur noch länger auszulassen, wer Augen hat zu sehen, wird ihn überall dort entdecken, wo er vorhanden ist: in der Art, wie die Verhältnisse ausgedrückt sind, in der Raumentwicklung, in der Strenge der Form, in der Klarheit der Farbe – sogar in einem neuen ›Ornamentismus‹.

Drei Jahre arbeitete ich mit an ›De Stijl‹. Van Doesburg ging in diesen Jahren immer weiter in der Richtung destruktiver Tendenzen seiner Auffassung, die ich schon andeutete. Er brachte sie besonders zum Ausdruck in einer kleinen Zeitschrift, die er später neben ›De Stijl‹ gründete, ›Mecano‹.

Sie beschäftigte sich hauptsächlich mit den auflösenden Kräften in der neuen Kunst, wie dem Dadaismus, Kräften, die gewiß einmal wertvoll waren, weil sie den Weg frei machten für einen vitalen Geist in der Kunst, damals aber schon überflüssig, weil der hauptsächliche Durchbruch schon geschehen war.

Ich habe schon erwähnt, daß meines Erachtens die (destruktive) Tendenz, die die ›Raummalerei‹ in der Architektur in sich birgt, eine Gefahr für diese Architektur bedeutet, vor allem weil sie die Neigung hat, eigenmächtig aufzutreten, und nur selten die Architektur, mit der sie verschmelzen soll, kräftigt. Sie schwächt und verwirrt sie oft, weil dem Maler, der sich auf diesem Gebiet mit Begabung bewegt, meist jener Begriff fehlt, den der Architekt besitzt: daß er zu dienen hat. Ein schlagendes Beispiel dafür ist das Atelierinterieur eines so hervorragenden Künstlers wie Mondrian in New York. Die ganze Auffassung des Interieurs wie des Mobiliars zeigt, vom Standpunkt des Architekten aus, ein chaotisches Bild. Mondrians ›räumliches Wollen‹ ist wohl zu spüren; aber es ist die Komposition eines Malers, dem der Sinn für die Struktur des Bauens abgeht. Auch als ich mit van Doesburg zusammenarbeitete, zeigte sich zwischen uns allmählich eine Differenz; denn seine Auffassungen gingen aus einem ungehemmten Maltrieb hervor, während ich die Grenzen, die eine Gemeinschaft der Formgebung im praktischen Bauen abverlangt, gerade als eine der Grundlagen der neuen Architektur ansah. So entwarf van Doesburg für einige meiner Arbeiterwohnungen weiße Türen; die Praxis aber hatte mich gelehrt, nichts von bleibendem Wert zu schaffen, dem nicht auch im Entwurf Rechnung getragen wurde, wie es auch das Leben normalerweise verlangt. So muß ein Gebäude auch schmutzige Hände ertragen können, wenn es einen bleibenden Gemeinschaftwert besitzen soll. Ein prinzipieller Unterschied zwischen Malerei und Bauen zeigt sich aber dann, wenn Architektur, die auf die Gleichheit einer Anzahl von Türen als Motiv hin entworfen ist, durch eine Farbkomposition, die dieser architektonischen Tatsache nicht Rechnung trägt, verdorben wird. Streicht man, frei von dieser architektonischen Absicht, die eine Tür blau, die andere gelb, so entsteht auch eine optische Ungleichheit, weil die gelbe Tür größer erscheint als die blaue. Das sind nur wenige Punkte unter vielen, die allmählich zwischen uns auftraten; die Art, in der sich Form und Farbe in De Stijl entwickelt hatten, war zu frei und ästhetisch zu selbstherrlich, um sich ohne weiteres mit dem zu decken, was ein gesundes Wachstum des Bauens in unserer Gesellschaft braucht. Und ohne dieses logische Wachsen gibt es keine allgemeine Architektur, keinen Stijl.

Was wir uns in De Stijl ästhetisch erobert hatten, war von größtem Wert. Zutiefst war es die Grundlage für eine neue Form in der Architektur, nur mußte diese Form ihren Wert im wirklichen Leben auch sozial erweisen. Diese Form mußte im Alltagsleben geprüft werden und darin bestehen können; in und durch das wirkliche Leben mußte sie wachsen.

Ich habe seinerzeit schwer mit mir selber ringen müssen, um diesen Übergang zu verwirklichen. Wer meine ›Ideal-Entwürfe‹ auf dem Papier und meine tatsächlich ausgeführten Entwürfe aus der gleichen Zeit betrachtet, wird dies leicht feststellen können. Man vergleiche z. B. meinen Entwurf ›Strand-Boulevard 1917‹ und meine ›Fabrik 1919‹ mit meinen Wohnhäusern in ›Tusschendijken‹ in Rotterdam 1918–1920.

Was ich selbst, Mitarbeiter von ›De Stijl‹ von Anfang an, bezweckte, hatte schon immer einen starken sozialen Einschlag. Mit Ausnahme von Rietveld, der seinen eigenen Weg ging, von Wils, dem De Stijl nur mäßig am Herzen lag, und von van't Hoff, der in dem Umstand, daß es faktisch noch keinen ›Stijl‹ gab, einen Grund sah, sich weiterhin abseits zu halten, bewegten die Mitarbeiter von De Stijl sich hauptsächlich auf abstrakt-ästhetischem Gebiet; van Eesteren entfloh diesem später drastisch dadurch, daß er sich auf die Fragen der Städteplanung warf. Dies aber tat er so durch und durch ›to the point‹, daß sein anfänglicher Enthusiasmus für die Schönheit des Abstrakten durch die sehr alltägliche Praxis einen Bruch erleiden mußte.

Um mich selber auf die allgemeine Bedeutung meiner neuen Ästhetik hin zu kontrollieren, suchte ich einen möglichst engen Kontakt mit dem Verlauf der gesellschaftlichen Entwicklung. Ich wählte deshalb für meine Bauten jenen Vorwurf, der den Menschen und seine gesellschaftliche Bindung besonders stark berührt: ich vertiefte mich in den Bau von Volkswohnungen, um den es damals sehr traurig stand. Hier ist man als Architekt fast ebenso bis ins Kleinste an die Anforderungen gebunden wie bei Erzeugnissen der Technik, die wir in De Stijl so bewunderten (Autos, Dampfschiffe, Geräte usw.). Mein Wunsch, Präzision zu erreichen, und zugleich mein Mangel an den nötigen Kenntnissen, um sie schon sofort in die Praxis umzusetzen, ließen mich – was bei meiner Arbeit später wohl öfters geschah – zurückgreifen auf die Exaktheit einer der Art (nicht der Form) nach klassischen Architektur: meine Häuser in Tusschendijken. Es blieb bei einem nur halb gelungenen Versuch, ausgenommen die Anlage der Innenhöfe, an denen ich schon deutlich Gemeinschaftstendenzen zu erreichen versuchte. In der Siedlung kleiner Wohnungen ›Oud Mathenesse‹ (Rotterdam 1922) entwickelte ich einen Standardtyp (noch mit schrägem Dach), worin die Mondrian-Farben Gelb, Rot, Blau in großem Umfang angewandt waren. Das Café ›De Unie‹ (Rotterdam 1924/ 25; während des Krieges zerstört) war ein Experiment zur ›Befreiung‹ von Form und Farbe einer Fassade. In einem Wohnkomplex in Hoek van Holland (1924) gelang es mir, das, was ich ideell in De Stijl gefunden hatte, mit dem zu vereinen, was ich mir reell an den sozialen Aufgaben erarbeitet hatte.

Schon ehe ich dies in einem Bauwerk von einigem Umfang hatte festigen können, war es mir im Jahre 1921 gelungen, es außerhalb der Stijl-Bindung in Worte zu fassen (in einem ›Programm für die Neue Architektur‹ für den Verein ›Opbouw‹ in Rotterdam). Dieses Programm ist abgedruckt in meinem Bauhausbuch ›Holländische Architektur‹* und endet mit folgender Zusammenfassung:

›Es läßt sich folgern, daß eine rational auf die heutigen Lebensumstände gegründete Baukunst in jeder Hinsicht im Gegensatz zu der bisherigen Baukunst steht. Ohne in einen dürren Rationalismus zu verfallen, wird sie vor allem sachlich sein, in diese Sachlichkeit jedoch sofort das Höhere einbeziehen. Im schärfsten Gegensatz zu den untechnischen, form- und farblosen Erzeugnissen augenblicklicher Eingebung, wie wir sie kennen, wird sie in vollkommener Hingabe an das Ziel auf eine fast unpersönliche, technisch gestaltende Weise Organismen von klarer Form und reinem Verhältnis bilden. Anstelle des natürlich Anziehenden des unkultivierten Materials, der Gebrochenheit des Glases, der Bewegtheit der Oberfläche, des Trübens der Farbe, des Schmelzes der Glasur, des Verwitterns der Mauer usw. wird sie den Reiz des kultivierten Materials entfalten, der Klarheit des Glases, des Blinkenden und Rundenden der Oberfläche, des Glänzenden und Leuchtenden der Farbe, des Glitzernden des Stahls usw. So weist die Tendenz der architektonischen Entwicklung auf eine Baukunst, welche im Wesen mehr als früher an das Stoffliche gebunden, in der Erscheinung aber darüber hinaus gehen wird, die sich, frei von aller impressionistischen Stimmungsgestaltung, in der Fülle des Lichts entwickelt zu einer Reinheit der Verhältnisse, einer Blankheit der Farben und einer organischen Klarheit der Form, welche durch das Fehlen jedes Nebensächlichen die klassische Reinheit wird übertreffen können.‹

Veranlaßt durch meine Häuser in Hoek van Holland (›vielleicht das schönste Beispiel moderner Architektur‹, schrieb darüber der Amerikaner Henry Russel Hitchcock jr. in seinem Buch ›Modern Architecture, Romanticism and Reintegration‹, New York 1929), warf van Doesburg mir vor, ich sei zu dem ›Van de Velde-Stil‹, will heißen Jugendstil, übergelaufen. Damit war der Bruch zwischen uns für lange Zeit vollzogen. Kurz vor seinem Tode schlossen wir zum zweiten Mal Freundschaft, vor allem menschlich; denn auf dem Gebiet der Kunst blieben wir beide sehr reserviert. Im Geist meiner Hoek van Holland-Wohnungen entwarf ich 1925 den Häuserkomplex Kiefhoek mit Kirche in Rotterdam, 1927 einen Komplex von fünf Häusern für die Werkbundausstellung ›Die Wohnung‹ in Stuttgart (damals eine große Demonstration für das neue Bauen), 1928 ein Dreifamilienhaus in Brünn, 1931 einen Komplex von 1000 normalisierten Volkswohnungen in Rotterdam-Blijdorp und ebenso 1931 ein großes Sommerhaus für Mrs. Johnson in New Carolina (USA), dessen Modell auf Ausstellungen in Amerika herumreiste und schließlich in ›The Museum of Modern Art‹ in New York landete. Die drei letzten Werke wurden nicht ausgeführt. Mein Entwurf für ein Börsengebäude in Rotterdam 1926, ein Saalbau mit zugehörenden Büroräumen, wurde abgelehnt, weil er zu viel Glas enthielt; die Jury hielt ihn für Zweck und Ort als nicht geeignet. Zehn

*Zuerst 1926 als Band 10 in der Reihe ›bauhausbücher‹ erschienen, Neuausgabe 1976 in der Reihe ›Neue Bauhausbücher‹ (Florian Kupferberg Verlag, Mainz).

Jahre später hatte man seine Meinung geändert und von meinem Entwurf aus dem Jahre 1926 immerhin nicht ohne Frucht Kenntnis genommen ..

In allen diesen Entwürfen habe ich versucht – wie es in meiner Absicht lag –, den ästhetischen Gewinn aus meiner Stijl-Zeit hinsichtlich Form und Farbe – besonders Farbe – mit dem täglichen Leben und Bauen zu kombinieren, in dem Bestreben, das moderne Leben in seiner ganzen Realität hinzunehmen. So kam ich bei meinen Arbeiterwohnungen zu einer so weit als möglich durchgeführten Industrialisierung, zu einer Architektur, die gerade auch darin ihren Ausgangspunkt sucht. Die Formgebung für gemeinschaftliche Wohnbedingungen hatte ich, wie schon erwähnt, in Tusschendijken in den Innenhöfen angestrebt. Gemeinschaftliche Spielplätze für die Kinder waren auf diesen Grundstücken selbstverständlich vorhanden. Ähnlich gerichtete soziale und technische Tendenzen suchte ich in meinen anderen Arbeiten zu verwirklichen. Es wurde die Einleitung zu einer Architektur für ein breiteres und menschlicheres Leben.

In dem Wohnungsbau in Stuttgart hatte ich die innere Organisierung des Hauses konsequent verfolgt: keine Korridore, gute Wasch- und Trockenräume. Die innere Einteilung des Hauses war so angelegt, daß die fortwährende Beaufsichtigung der Kinder möglich blieb. Die Küche war bis zum Äußersten leistungsfähig gemacht. Allen diesen Bedingungen, die heute selbstverständlich sind, stand man damals noch gleichgültig gegenüber.

Die Häuser selbst hatte ich zu einer geschlossenen Reihe gefügt, wobei die Wohnzimmer stets der Sonne zugewendet waren. Mit dieser Aufstellung hatte ich – im Ausstellungsbuch der Stuttgarter Häuser – den prinzipiellen Wunsch verknüpft, eine große Anlage von Häusern im gleichen Reihenbau entstehen zu lassen, wobei das Straßenbild in den beiden Giebelwänden verschiedene Aspekte zeigte. So würde die Ansicht fesselnder. Es müsse aber darauf geachtet werden, daß die Rückseiten (die ebenfalls an einer Straße liegen) so entworfen würden, daß das Trocknen der Wäsche usw. dem Blick entzogen blieb. Dies war bei meinen Häusern in Stuttgart gegeben, ebenso in meinem Projekt für 1000 Wohnungen in Rotterdam-Blijdorp.

Heute ist das Reihensystem (›Zeilenbau‹ heißt es jetzt) im Städtebau allgemein üblich. Soweit mir bekannt, waren meine Häuser und die Häuser Stams in Stuttgart die ersten Beispiele. (Schade, daß man heute das Problem der ›Wäsche‹ zu wenig ins Auge faßt; der unordentliche Anblick, den solche Häuserzeilen bieten, ist nicht die Schuld des Systems.)

Um Mißverständnissen vorzubeugen, muß ich wiederholen, daß De Stijl für mich immer eher eine Gewissenssache – oder auch eine Leuchtboje – war als ein Formendogma. Auch wenn ich De Stijl verließ, weil ich nicht damit einverstanden war, daß auf die Dauer ein Formengesetz wichtiger erschien als das Formwollen, so bedeutete das nicht, daß ich aufgeben wollte, was ich angestrebt hatte. Dies war – und ist noch – eine allgemeine Baukunst, eben ein ›Stijl‹. Er läßt sich aber nicht verwirklichen ohne eine fortwährende faktische Berührung mit der Gesellschaft und ihrer konsequenten Entwicklung.

Als ich Hunderte, ja Tausende von Arbeiterwohnungen gebaut hatte, wurde ich zum ›Spezialisten für Arbeiterwohnbau‹ gemacht. Dies geschah zu einer Zeit, als es immer deutlicher zu werden begann, daß die Welt, soll sie voll und ganz sein, das heißt, soll von einer Universalität gesprochen werden können, auch im Ästhetischen ein abgerundeter Organismus sein muß. Von der Notwendigkeit einer Universalität her muß ein solcher Organismus mehr umfassen als die Form der einfachsten Bauwerke. Geistig schien mir das Problem moderner ästhetischer Formgebung des einfachsten Bauproduktes – des Wohnhauses, der Fabrik usw. – gelöst. Wenn aber die ganze Welt nicht mehr zu zeigen hätte – und so schien es – als das wenig abwechslungsreiche, aus den Aufgaben der Nützlichkeit geborene Bild, so entstünde allmählich in unserer Umgebung eine abstumpfende Eintönigkeit, die uns den Mangel am Reiz der Variierung stark fühlbar machte, an etwas, was frühere Zeiten uns vererbten. Nur eine differenzierte Architektur konnte dies wiederbringen. Verschiedenartigkeit ist schon deshalb nötig, weil die demokratische Gesellschaft in ihren Tiefen reich gestuft ist. Die Architektur, Abbild der Gesellschaft, soll diese Stufung ausdrücken. Das hatte außerdem den Vorteil, daß das Städtebild fesselnder wurde und eine deutlichere Ordnung erhielt. Orientierung ist in dem einförmigen Bild der Nützlichkeitsarchitektur fast eine Unmöglichkeit, und in seiner Neutralität wirkt das Städtebild verwirrend und ermüdend. Es stellt sich dann nämlich heraus, daß Schönheit im Städtebau nicht ›l'art pour l'art‹ ist, sondern notwendige Funktion der menschlichen Existenz, der ebenso zu gehorchen ist wie den körperlichen Funktionen: sie ist psychologisch bedingt und macht das Leben klarer.

Als mir 1938 der Auftrag erteilt wurde, das Verwaltungsgebäude der Shell Nederland N.V. in Den Haag zu bauen, habe ich mit Freude angenommen. Dies bot mir Gelegenheit zu versuchen, die durch jene Tatsachen in mir gewachsene Unruhe zu bannen. Shell ist eine Gesellschaft von ›Standing‹, und ich tat mein Bestes, um dies in meinem Entwurf architektonisch zum Ausdruck zu bringen. Damit war ich, ohne es zu wollen, ins Wespennest getreten! In der Zeitschrift ›Architectural Record‹ in New York, sonst mir und meiner Arbeit wohlgesonnen, nannten einige Kritiker mich einen Verräter meiner eigenen Prinzipien, die sie gerade zu schätzen angefangen hätten. (›Architectural Record‹, New York, Dezember 1946: ›Mr. Oud embroiders a theme.‹ Ich antwortete – darum gebeten – in ›Architectural Record‹, März 1947.) Es liegt mir fern zu behaupten, mir sei der Versuch, die Architektur nuanciert, reicher, ausdrucksvoller zu gestalten, sogleich gelungen. Es ist etwas Wahres an dem Vorwurf, ich sei hier und da in meine dem Klassischen zuneigende Liebe für ästhetische Ordnung und Genauigkeit zurückgefallen. Auch ist es richtig, daß ich in Teilen meines Entwurfs hier und da auf eine alte Werkart zurückgriff, weil ich die neue für einen so umfassenden Bau noch nicht beherrschte. Aber ich glaube, daß man, wenn man Augen hat, dennoch erkennen muß – wie jener einzige Amerikaner, der mir treu blieb –, daß in diesem Bau das eine oder andere im Hinblick auf eine neue Formgebung gelungen ist, daß er mehr enthält als das spannungslose Spiel jener, die die Kahlheit anbeten, ohne sie zum Vibrieren zu bringen. Wer wie jene Kritiker in meinem Versuch, den Shell-Bau mit der Ausdruckskraft einer stärkeren und reicheren architektonischen Bewegtheit zu erfüllen, nicht mehr zu erblicken vermag als einen klassischen Grundriß und einen auf Äußerlichkeit gerichteten Aufriß, blickt nicht sehr tief.

Und doch erschien mir der Versuch auf längere Dauer als unzulänglich im Hinblick auf meine prinzipielle Zielsetzung. Zwar hatte ich eine Erweiterung meiner Ausdrucksmöglichkeiten gefunden, aber die Spannung hatte im Vergleich zu früher nachgelassen. Beide zu vereinen, war seitdem mein Ziel: Klarheit, Einfachheit,

Sauberkeit, reine Farbe und die auf direkte Weise pulsierende Vitalität der Arbeiten meiner Stijl-Zeit, kombiniert mit einer Vielgestaltigkeit, wie ich sie im Shell-Bau angestrebt hatte.

Als Resultat entstand nach dem Shell-Bau eine Reihe von Arbeiten, wobei das eine Mal mehr auf Straffheit der Formgebung, das andere Mal auf freiere, ausführlichere Formvielfalt hingearbeitet wurde, das tiefernste Auf-die-Zähne-Beißen des Anfangs wechselnd mit musikalischer Lust an der Melodie, mit dem aus der Ferne lockenden Ziel: eine Architektur, die kraftvoll ist und blank, bewegt und sonnig, unter Mitarbeit von Malern, Bildhauern usw., kurz: ein allgemeines, umfassendes Bauen, eine komplette Architektur.

Ergebnisse dieses Strebens finden sich nach der Zeit des Shell-Baues im Sparkassenbau Rotterdam (Entwurf 1943, Ausführung später), in einigen größeren Entwürfen für den Wiederaufbau von Rotterdam (1943, nicht ausgeführt) und schon früher in Innenräumen des Schiffes ›Nieuw Amsterdam‹ (1937). Später – schon weiter fortgeschritten in der Richtung der von mir gesuchten Synthese – kamen das Esveha-Kontorhaus in Rotterdam (1948, noch ziemlich klassisch), das Armee-Denkmal auf dem Grebbeberg in Rhenen (1948 in der Gebundenheit wieder freier), ein Lyzeum in Den Haag (1950–1956), mit Skulpturen von Roijackers und van den Ijssel, Wandmalereien von Karel Appel, der Entwurf für das Regierungsgebäude der Provinz Süd-Holland in Den Haag (1952), worin ich meinem Ziel noch näherkam, der Bio-Herstellings-Oord in Arnheim (1952–1960) mit einer Fassadenverkleidung nach dem Entwurf von Karel Appel (bemalte Kacheln und Skulpturen von Roijackers und van den Ijssel), das Kontorhaus Utrecht in Rotterdam (1954–1961, mit Wandplastiken von Domela und Skulpturen von Koning), schließlich der Entwurf für ein Kongreßgebäude in Den Haag (1956–1958) mit einem Saal für 3000 Personen, wovon der Bau bestimmt wird.

Die Möglichkeiten der Architektur lassen nicht dieselbe Freiheit des Gestaltens zu wie die der Malerei oder der Plastik. Diese haben nur den Gesetzen der Ästhetik zu folgen; die Mittel aber, mit denen die Architektur arbeitet, müssen Realitäten verkörpern. Tun sie dies ungenügend, so wird das Bauen antisozial: dem Leben abgewandt, individuell, nicht universell; nicht Stil (›Stijl‹)-bildend. Darum kann Architektur nicht einfach auf reine Verhältnisse und abstrakte Raumwirkungen zielen, eine Sackgasse, in der De Stijl anfing, sich zu verlieren. Die Proportionen und Raumbildungen müssen gleichzeitig einem Nutzen dienen. Das Leben soll in schöner Form realisiert werden, nicht nur der abstrakte Geist. Mondrian konnte zwar mithelfen, dem Bauen indirekt eine geistige Perspektive zu eröffnen, aber er konnte nicht dogmatisch-formal Architektur dirigieren. Die spätere Stijl-Architektur erwies dies überzeugend, als sie sich zwar für Modelle und Ausstellungsbauten dienlich zeigte, nicht aber für zweckmäßiges Bauen. Im letzteren Fall paßte sie den Zweck der Form an und wirkte krampfhaft; sie wurde im Wesentlichen zur Plastik, lustig für kleinere Sachen, zu wenig allgemein für Architektur.

Was ich immer gewollt habe, war, kurz gefaßt, das Folgende: aus der neuen, freien Ästhetik eine Form des Bauens zu finden, diese Form zusammenwachsen zu lassen mit dem sozialen Leben unserer Zeit und, weiter fortschreitend, diese Form auch äußerlich sich entwickeln zu lassen zu einem Bauen, das der heutigen gesellschaftlichen Existenz, ihren inneren Nuancen entspricht. Das ›Neue Bauen‹ bleibt leider immer wieder an irgendeiner äußerlichen Form hängen. Im Hinblick auf ein lebendiges Bauen ändern sich die Aspekte aber fortwährend, und zwar je nachdem, wie die innere Entwicklung fortschreitet. Dieser Kontakt, diese Wechselwirkung war für mich die Grundlage von ›De Stijl‹, seit ich mit van Doesburg die ersten Gespräche führte. Und dies gilt für mich heute noch genauso.

Später:
Der Drang nach Abstraktion erfordert Ergänzung durch Streben nach Melodie. Reine Abstraktion ist wie Religion ohne Menschlichkeit. Menschlichkeit ist Leben in dem Fluß der täglichen Existenz. Lauf und Rhythmus der täglichen Existenz verlangen in der Architektur: Melodie.

Anhang

Anmerkungen

1 Vgl. G. Stamm: The Architecture of J.J.P. Oud 1906–1963, Tallahassee (Florida 1978).

2 Vgl. J. Beckett: The Original Drawings of J.J.P. Oud 1890–1963, London 1978.

3 B. Colenbrander: J.J.P. Oud. Restrained and careful, in: Het Nieuwe Bouwen, Previous History, Delft 1982, S. 154–169. U. Barbieri, B. Colenbrander, H. Engel: Architectuur van J.J.P. Oud, Rotterdam 1981 (Kat). Die italienische Ausgabe: J.J.P. Oud, 1906–1963, Rom 1982. S. Polano: Architettura Olandese, Mailand 1981. C. Blotkamp: Architectuur als utopie, ca. 1916–1944. in: Wonen Tabk, 4/5, 1982, S. 28–40. H. Esser: J.J.P. Oud, in: De beginjaren van De Stijl, Utrecht 1982, S. 125–154. E.R.M. Taverne: Bouwen zonder make-up. Acties van Oud tot behond van de architectuur, in: Wonen Tabk, 3, 1983, S. 8–22.

4 Vgl. Kat.: Tendenzen der Zwanziger Jahre. 15. Europäische Kunstausstellung Berlin 1977, Berlin 1977 und Kat.: Paris-Berlin 1900–1933, Paris 1978, München 1978.

5 Unterredung mit P. Johnson.

6 S. Giedion: Raum, Zeit, Architektur, Stuttgart 1965. J. Joedicke: Geschichte der modernen Architektur. Synthese aus Form, Funktion und Konstruktion, Stuttgart 1958. H.-R. Hitchcock: Modern Architecture. Romanticism and Reintegration, New York 1929. N. Pevsner: Pioneers of Modern Design, London 1936. W.C. Behrendt: Modern Building, New York 1937.

7 R. Banham: Die Revolution der Architektur. Theorie und Gestaltung im ersten Maschinenzeitalter, Reinbek 1964. R. Venturi: Complexity and Contradiction in Architecture, New York 1966. C.A. Jencks: Die Sprache der postmodernen Architektur, Stuttgart 1978. P. Blake: Form Follows Fiasco. Why Modern Architekture hasn't Worked, Boston 1977. W. Pehnt: Die Architektur des Expressionismus, Stuttgart 1973. R. Stern: New Directions in America Architecture, New York 1972. A. Drexler (Hrg.): The Architecture of the Ecole des Beaux Arts, New York 1977.

8 Jencks (Anm. 7). Venturi (Anm. 7).

9 Drexler (Anm. 7).

10 Vgl. Amerikanischer Kunsthistorikerkongress 1979, R. Stern Sektion: Borroning, Historics and Historie Preservation 1931–1942.

11 Unterredung mit P. Johnson.

12 G. Stamm: Purmerend bakermat van de architectonische wereldgeschiedenis, in: Ruimte, Sept. 1977, S. 14–17. G. Stamm: Het jeugdwerk van de architect J.J.P. Oud 1906–1917, in: Museumsjournaal, Dez. 1977, S. 260–266. G. Stamm: Bakermat 20e eeuwse architectuur ligt in Purmerend, in: Noordhollandse Courant, 31. Juli 1978.

13 J. Joedicke: J.J.P. Oud, in: Bauen und Wohnen, 12, 1966, S. VII 1 – VII 2.

14 Stamm: Purmerend (Anm. 12).

15 Vgl. J.J.P. Oud: Over cubisme, futurisme, moderene bouwkunst enz., in: Bouwkundig Weekblad, 37, 16. Sept. 1916.

16 J.J.P. Oud: Landhäuser von Hermann Muthesius, in: Bouwkundig Weekblad, 33, 29. Nov. 1913.

17 J.J.P. Oud: Mein Weg in ›De Stijl‹, abgedruckt in diesem Buch, S. 151 ff.

18 Fondation Custodia, Paris.

19 Ouds Kenntnisse der europäischen Kunst- und Architekturavantgarde in den Jahren 1910–1917 müssen noch erforscht werden.

20 Fondation Custodia, Paris.

22 Oud (Anm. 17), S. 151 ff.

23 J.J.P. Oud: Das monumentale Stadtbild in: De Stijl, 1917, Nr. 1, S. 10–11. P. Mondrian: Die Neue Gestaltung, Mainz 1974, S. 12–13. Fondation Custodia, Paris.

24 H.L.C. Jaffé: De Stijl. 1917–1931. Der niederländische

Beitrag zur modernen Kunst, Frankfurt a. M., Berlin 1965, S. 19 ff. Drs.: Mondrian und De Stijl, Köln 1967, o. S.

25 1. Manifest 1918, in: De Stijl, 1918. Nr. 1, S. 4–5.

26 Banham (Anm. 7), S. 162.

27 J. J. P. Oud: Kunst und Maschine, in: De Stijl, 1917–18, Nr. 3, S. 25–27.

28 G. Stamm: De doorbraak (1916–1919) bij J. J. P. Oud. Over de lijnen van geludelijkheid tussen Velp en Purmerend, in: Bouwkundig Weekblad, März 1979, S. 11–14.

29 Abb. auf S. 13, in: Stamm (Anm. 28).

30 Vgl. dazu die De Stijl-Manifeste.

31 Vgl. K. Wiekart: J. J. P. Oud, Amsterdam 1965, S. 8–9.

32 Vgl. Anm. 27.

33 Vgl. Anm. 27.

34 Vgl. Anm. 19.

35 Vgl. Hitchcock (Anm. 7), S. 171. Wiekarts Bemerkungen zu diesem Bau sind noch immer überzeugend.

36 Brief vom 17. Sept. 1930, Nederlands Documentatiecentrum voor de Bowkunst, Amsterdam.

37 Beckett (Anm. 2), S. 5.

38 B. van der Leck: Die Rolle der modernen Malerei in der Architektur, in: De Stijl 1917–18, Nr. 1, S. 6–7.

39 T. van Doesburg, Aufzeichnungen über monumentale Kunst, in: De Stijl, 1918–19, Nr. 1. S. 10–12.

40 V. Huzár Material im Nederlands Documentatiecentrum voor de Bouwkunst, Amsterdam.

41 Meine Analyse von De Vonk in meinem Aufsatz von 1979 (vgl. Anm. 28) ist nach dem Vorstehenden zu berichtigen.

42 Doesburg (Anm. 39), S. 12.

43 Hitchcock (Anm. 6), S. 177.

44 Banham (Anm. 7), S. 154. Es kann keinem Zweifel unterliegen, daß Berlage und nicht van't Hoff Oud zuerst auf Wright hingewiesen hat.

45 De Stijl, 1. Jg. 1918, S. 39–41.

46 De Stijl, 3. Jg. 1920, S. 25–27.

47 Oud (Anm. 17), S. 151 ff.

48 Hitchcock (Anm. 6), S. 178.

49 Jaffé: Mondrian und De Stijl (Anm. 24), S. 28.

50 Banham (Anm. 7). Joedicke (Anm. 6). Wiekart (Anm. 31). G. Veronesi: J. J. P. Oud, Mailand 1953. W. Fischer: J. J. P. Oud. Bauten 1906–1963, München 1965.

51 In seinen an Oud gerichteten Briefen aus dieser Zeitspanne erwähnt der Maler die Entwicklung seiner Werke kaum.

52 Vgl. hierzu T. M. Brown: The Work of G. Rietveld Architect, Utrecht 1958.

53 Jaffé: De Stijl (Anm. 24).

54 Die Beziehungen zwischen Oud und Vantongerloo bedürfen genauer Erforschung.

55 Brief im Nederlands Documentatiecentrum voor de Bouwkunst, Amsterdam.

56 (Anm. 55)

57 Die Grundrisse sind nie veröffentlicht worden.

58 Joedicke (Anm. 6), S. 103.

59 J. J. P. Oud: Zur Orientierung, in: De Stijl, 2. Jg. 1919–20, Nr. 2, S. 13–15.

60 Vgl. diesen Aufsatz etwa mit dem 1. Bauhausprogramm 1919.

61 J. J. P. Oud: Holländische Architektur, München 1926, Mainz 1976, S. 80–81.

62 V. J. Scully: Modern Architecture. The Architecture of Democracy, New York 1961.

63 Oud (Anm. 61), S. 81.

64 A. a. O.

65 Aussage von Frau Oud.

66 Fondation Custodia, Paris.

67 J. Baljeu: Theo van Doesburg, New York 1974, S. 41.

68 Karte in der Fondation Custodia, Paris.

69 Theo van Doesburg Archiv, Den Haag.

70 A. a. O.

71 A. a. O.

72 (Anm. 55).

73 Pehnt (Anm. 7), S. 77.

74 (Anm. 55).

75 A. a. O.

76 A. a. O.

77 Hitchcock (Anm. 6), S. 114.

78 B. Rebel: De volkswonigbouw van J. J. P. Oud, in: Nederlands Kunsthistorische Jaarboek, 28, 1977, S. 127–168.

79 J. J. P. Oud: Das monumentale Stadtbild, in: De Stijl, Okt. 1917, S. 11.

80 Oud (Anm. 17), S. 151 ff.

81 A. a. O., S. 151 ff.

82 Fondation Custodia, Paris.

83 Die van Doesburg-Skizzen in der Fondation Custodia, Paris, sind farblich durchgearbeitet.

84 Unterredung mit Frau Oud. – Th. van Doesburg: Grundbegriffe der neuen gestaltenden Kunst, München 1925, Mainz 1966.

85 Th. van Doesburg: Aufzeichnungen über monumentale Kunst, S. 12.

86 Oud (Anm. 17), S. 151 ff.

87 P. Mondrian: Die Neue Gestaltung. Neoplastizismus. Nieuwe Beelding, Mainz 1974, S. 13.

88 H.-R. Hitchcock, P. Johnson: The International Style. Architecture since 1922, New York 1932, S. 33. Joedicke (Anm. 6), S. 76. A. Whittick: European Architecture in the Twenthieth Century, Aylesbury 1974, S. 134.

89 Hitchcock (Anm. 6), S. 175.

90 Hitchcock (Anm. 6), S. 182. W. J. de Gruyter: Architect J. J. P. Oud, Rotterdam 1951. S. 10. Jaffé (Anm. 24). Joedicke (Anm. 6).

91 Oud (Anm. 17), S. 151 ff.

92 Banham (Anm. 7), S. 141.

93 Archiv Oud, Wassenaar und (Anm. 55).

94 Giedion (Anm. 6), S. 525, Anm. 55 in Giedion.

95 (Anm. 55).

96 K. Junghanns: Bruno Taut 1880–1938, Berlin (DDR), S. 70.

97 L. Benevolo: Geschichte der Architektur des 19. und 20. Jahrhunderts, München 1964, Bd. 2, S. 92.

98 R. Günther: Rettet Eisenstein, Bielefeld 1973.

99 J.J.P. Oud: Over de toekomstige bouwkunst en haar architectonische mogelijheden, in: Bouwkundig Week-blad, 11.6.1921.

100 (Anm. 55).

101 Hitchcock (Anm. 6), S. 181.

101 Hitchcock, Johnson (Anm. 88), S. 196. Benevolo (Anm. 96), Bd. 2, S. 36.

102 (Anm. 55).

103 Brown (Anm. 52), S. 105.

104 Archiv Oud, Wassenaar.

105 Joedicke (Anm. 6), S. 124. Jaffé: Mondrian und De Stijl (Anm. 24), S. 29. Benevolo (Anm. 96), S. 98.

106 J.J.P. Oud: Ja und Nein. Bekenntnisse eines Architek-ten, o. O. 1925, S. 13.

107 Oud (Anm. 27), S. 25–27.

108 (Anm. 55).

109 A. Behne: Der moderne Zweckbau, München, Wien, Berlin 1926, S. 73.

110 J. Joedicke, C. Plath: Die Weißenhofsiedlung, Stuttgart 1977. Korrespondenz über die Weißenhofsiedlung vgl. (Anm. 55).

111 (Anm. 55).

112 A.a.O.

113 K.K. Sembach: Stil 1930, Tübingen 1971, o. S.

114 (Anm. 55).

115 A.a.O.

116 A.a.O.

117 A.a.O.

118 A.a.O.

119 Hitchcock (Anm. 6), 178.

120 (Anm. 55).

121 Archiv Oud, Wassenaar.

122 B. Zevi: Storia dell' architettura moderna, o.O. 1955.

123 Jaffé: De Stijl (Anm. 24), S. 86.

124 V.J. Scully: Modern Architecture. The Architecture of Democracy, New York 1961. M. Ragon: Ästhetik der zeitgenössischen Architektur, Neuchatel 1968, Kap. 9, o. S.

125 Giedion (Anm. 6), S. 309.

126 H.M. Wingler: Das Bauhaus, Bramsche 1975, S. 15.

127 (Anm. 55).

128 Jaffé: De Stijl (Anm. 24), S. 46.

129 (Anm. 55).

130 Pehnt (Anm. 7), S. 114–116.

131 H. Klotz: Materialien zu einer Gropius-Monographie, in: Architectura 1971, S. 179.

132 Oud (Anm. 17), S. 151 ff.

133 Baljeu (Anm. 67), S. 52

134 (Anm. 55).

135 W. Passarge, zit. nach: Wingler (Anm. 126), S. 81.

136 zit. nach Stamm (Anm. 1), S. 74, Fußnote 29.

137 K.H. Hüter: Das Bauhaus in Weimar, Berlin (DDR) 1976.

138 W. Gropius: Internationale Architektur, München 1925, Mainz 1981.

139 (Anm. 55).

140 Klotz (Anm. 131).

141 (Anm. 55).

142 A. Turnbull (Hrg.): The Letters of F. Scott Fitzgerald, Middlesex 1968, S. 50.

143 Hitchcock, Johnson (Anm. 88).

144 (Anm. 55).

145 A.a.O.

146 A.a.O.

147 Sembach (Anm. 112), Einleitung, o. S.

148 (Anm. 55).

149 A.a.O.

150 Unterredung mit Frau Oud.

151 (Anm. 55).

152 Vgl. zu diesem Kapitel die Vorbemerkung der Heraus-geberin zu Beginn des Buches.

153 Oud (Anm. 17), S. 151 ff.

154 A.a.O.

155 Brief von Oud vom 12.12.1927 an E. Wendepohl, zit. nach: Colenbrander im Kat., Rom 1982 (Anm. 3), o. S.

156 Brief an den Direktor des Architectural Record, März 1947, a.a.O.

157 Vgl. Barbieri, a.a.O.

158 Rede von Oud vor der International Association of Arts Critics, 9.7.1951, vgl. Colenbrander, a.a.O.

159 A.a.O.

160 A.a.O.

Werkverzeichnis

Das folgende Werksverzeichnis umfaßt, mit vielleicht wenigen, nicht bekannten Ausnahmen, alle Bauten und Projekte, an denen Oud zwischen 1906 und 1963 gearbeitet hat.

Der Zusatz ›Projekt‹ wurde dann gebraucht, wenn das Planungsmaterial für ein gegebenes Gebäude mehr oder weniger vollständig vorliegt, der Bau aber nicht ausgeführt wurde. Der Ausdruck ›Skizze‹ besagt, daß das Endstadium der Planungen entweder nicht erreicht wurde oder daß es sich nur um eine flüchtige Ideenskizze handelt.

Alle Daten beziehen sich auf das in den Plänen eingetragene Datum, unabhängig davon, wann der Bau tatsächlich errichtet wurde. Sie weichen somit manchmal von Ouds eigenen Angaben in ›Mein Weg in 'De Stijl'‹ ab, der sich teilweise auf die tatsächliche Bauzeit bezieht und teilweise nur ungefähre Daten angibt. Der Architekt zeigt sich wiederholt relativ großzügig in seinen Datierungen und hat damit ungewollt zu der großen Zahlenverwirrung beigetragen, die zur Zeit in der Oudforschung herrscht. In den wenigen Fällen, in denen das Datum der Pläne nicht genau ermittelt war, ist dies angedeutet.

Ouds Möbelentwürfe und kleinere Inneneinrichtungen, etwa 30 zwischen 1915 und 1955, konnten hier nicht berücksichtigt werden. Seine sehr schönen Möbel aus den späten zwanziger und dreißiger Jahren werden heute teilweise wieder von ›Kollektor perpetuel‹ in Den Haag aufgelegt.

Das Werkverzeichnis wurde von der Herausgeberin ergänzt nach dem Katalog ›Architectuur van J. J. P. Oud, Rotterdam, 1981‹. Diese Hinzufügungen wurden mit einem Stern versehen. Die Datierungen des Rotterdamer Kataloges weichen teilweise von denen in der vorliegenden Veröffentlichung ab.

1906	Haus Hartog-Oud, Purmerend.
1907/08	Haus in Purmerend, Herengracht 14.
1910	Haus in Purmerend, Herengracht 23.
1910/11	Haus Brand, Beemster.
1911	Vooruit-Gebäude, Purmerend.
1911/12	Haus in Purmerend, Julianastraat 54.
1912	Haus Gerrit Oud, Aalsmeer.
1912	Kino Schinkel, Purmerend (weitgehend umgebaut).
1913	Haus van Lent, Heemstede.
1914	Haus van Bakel, Heemstede.
1914	Haus Houtman, Beemster.
1914	Haus Moerbeek, Purmerend (zerstört).
1914	Dorpsbelang-Siedlung Leiderdorp (in Zusammenhang mit Dudok).
1915	Haus van Essen-Vincker, Blaricum.
1915	Soldatenklub, Den Helder. Projekt.
1915	Öffentliche Badeanstalt. Projekt.
1915	Altersheim, Hilversum. Projekt.
1915/16	Oud-Fabrik, Purmerend. 1. Projekt (s. 1919).
1916	Haus Blaauw, Alkmaar. Projekt (?).
1916	Haus de Geus, Broek-in-Waterland.
1916	Weitere Hausskizze für de Geus.
1916	Haus van Essen, Blaricum. Projekt.
1916	Mehrfamilienhaus, Velp.
1916/17	Apartmentkomplex, Velp. Projekt.
1917	Ambacht-Schule, Den Helder. Projekt.
1917	Ferienhotel De Vonk, Noordwijkerhout (in Zusammenarbeit mit van Doesburg).
1917	Umbau der Villa Allegonda, Katwijk aan Zee (in Zusammenarbeit mit Kamerlingh Onnes und van Doesburg).
1917	Häuserreihe am Meer, Scheveningen, Projekt.
1918	Genormte Arbeiterhäuser aus Beton. Projekt.
1918	Spangen-Siedlung, Rotterdam. Block I und V.
1918/19	Im Zusammenhang mit Ouds Ernennung zum Rotterdamer Stadtbaumeister entwirft er zahlreiche Skizzen und Studien von Straßenfassaden langgezogener Blöcke, teilweise mit Schrägdach, teilweise mit Flachdach. Weiter variieren Ecklösungen, Fensterformen und Eingangspartien. Schließlich finden sich viele, unterschiedlich durchgearbeitete Grundrißstudien zum Problem Minimalwohnung.
1919	Spangen-Siedlung, Rotterdam, Blöcke 8 und 9.
1919	Oud-Fabrik, Purmerend. 2. Projekt (s. 1915 bis 1916).
1919/20	Atelier in den Dünen. Skizze.
1920	Oud-Fabrik, Haarlem 3. Projekt.
1920	Tusschendijken-Siedlung, Rotterdam.
1921/22	Haus Kallenbach, Berlin. Projekt.
1922	Oud-Mathenesse-Siedlung, Rotterdam.
1922(?)	Unbekanntes Wohnhaus. Projekt.
1922/23	Zahlreiche Skizzen für ein unbekanntes Geschäftsgebäude (Oud-Fabrik?).
1923	Zahlreiche Skizzen für eingeschossige Eckhäuser und mehrgeschossige, treppenartig aufgetürmte Eckwohnungen.
1923	Bauleitungsgebäude für Oud-Mathenesse, Rotterdam (zerstört).
1923	Transformatorenhaus. Skizzen.
1924	Siedlung Hoek van Holland.
1924	Volkshochschule, Rotterdam, 1. Stufe. Skizze.
1925	Café De Unie, Rotterdam (zerstört).
1925	Volkshochschule, Rotterdam, 2. Stufe. Skizze.
1925	De Kiefhoek-Siedlung, Rotterdam.
1925	Kirche für De Kiefhoek-Siedlung, Rotterdam.
1925	Grabanlage Dinaux. Projekt.
1926	Volkshochschule, Rotterdam, 3. Stufe. Skizze.
1926	Börse, Rotterdam. Projekt.
1926	Stadthotel, Brünn. Projekt.
1927	Reihenhäuser der Weißenhof-Siedlung, Stuttgart.
1927	Erweiterung der Villa Allegonda, Katwijk aan Zee.
1927	Volkshochschule, Rotterdam, Endfassungen.
1928	Dreifamilienhaus, Brünn. Projekt.
1931	Blijdorp-Siedlung, Rotterdam. Projekt.
1931	Studio De Jonghe van Ellemeet.

1931	Haus Johnson, Pinehurst, North Carolina, USA. Projekt.
1933	Haus auf Baugelände. Projekt.
1933	Standardisiertes Ferienhaus. Projekt.
1934	Haus Dinaux, Haarlem. Projekt.
1934	Standardisierte Wohnungen. Projekt.
1934–1936	Umbau des Hauses Dr. H.
1935	Atelierwohnungen, Hillegersberg. Projekt.
1935	Wohnung, Blaricum. Projekt.
1936	Haus Pfeffer-De-Leeuw, Blaricum.
1936	Umbau Haus Dr. Hannema, Rotterdam.
1937	Inneneinrichtung des MS Nieuw Amsterdam (H. A. L.).
1938–1942	Verwaltungsgebäude der Shell Niederlande, Den Haag (durch Kriegseinwirkungen teilweise zerstört und heute durch Wiederaufbau beträchtlich verändert).
1942	Wohnblock Olveh van 1879. Projekt.
1942/43	Wiederaufbau des Hofplein, Rotterdam. Viele Projekte.
1942–1950	Sparkasse, Rotterdam (zusammen mit dem Architekten Nieuwenhuizen). Projekt.*
1942/43	Denkmal in einer Parkanlage. Projekt.
1943/44	Rathaus Amsterdam. Projekt.
1944	Geschäftshaus Meddens, Rotterdam. Projekt.
1947	Genormte Arbeiterwohnungen. Projekt.
1947	Verwaltungsgebäude Esveha, Rotterdam.
1948–1950	Spaarbank Rotterdam (Oud bemerkt in ›Mein Weg‹, daß der Entwurf aus dem Jahre 1943 datiert. Diese frühen Pläne waren nicht auffindbar).
1946	Gebäude der Königlich-Niederländischen Bank von Südafrika, Pretoria. Projekt.
1948	Verwaltungsgebäude der Königlich-Niederländischen Stahlfabriken, Ijmuiden. Projekt.
1948	Versammlungsräume der religiösen Vereinigung Vrijzinning Hervormden. Projekt.*
1949	Nationaldenkmal für die Opfer des Zweiten Weltkrieges (mit Raedeker).
1949–1953	Dredenburg, Utrecht. Projekt.
1950	Zweifamilienhaus, Bloemendaal. Projekt.
1950	Wiederaufbau der St.-Laurenskirche und Umgebung, Rotterdam. Projekt.
1950–1961	Wiederaufbau von Vredenburg. Projekt.*
1951–1963	Neue Messehalle. Projekt.*

1951	Religiöses Zentrum, Oostduin. Projekt.
1951	Poldertoren, Emmelord. Projekt.
1951	Arbeitersiedlung, Arnheim. Projekt.*
1951	Lebensversicherungsbank, Arnheim. Projekt.*
1951	Umbau der Fabrik De Adelaar, Apeldoorn. Projekt.
1951–1954	Verwaltungsgebäude der Utrecht-Versicherung, Rotterdam (mit Wandplastiken von Domela und Skulpturen von Koning).
1951–1954	Christliches Lyzeum, Den Haag (mit Skulpturen von Roijackers und van den Ijssel, sowie Wandmalereien von Appel).
1952	Landtagsgebäude für die Provinz Südholland, Den Haag. Projekt.*
nach 1952	Erweiterung des Rathauses Groningen. Projekt.
1952/53	Komplex der Bio-Heilanstalt, Arnheim (Fassadenverkleidung in bemalten Kacheln von Appel; Skulpturen von Roijackers und van den Ijssel).
nach 1954	Idealstadt. Projekt.
1955	Anbau für das Shellgebäude, Den Haag. Projekt.
1957	Eingang zum Nationalpark De Hoge Veluwe. Verschiedene Projekte.
1957	Städtische Bibliothek Kiefhoek, Rotterdam.
1957	Städtische Bibliothek Kiefhoek, Rotterdam.
1957–1963	Kongreßzentrum, Den Haag. Reiches Planungsmaterial mit verschiedenen Stilstufen. Gesamtplanung der Umgebung mit Anbau für das Gemeentemuseum (beim Tod des Architekten in Konstruktion. Dann durch bürokratische Intrigen und architektonische Fehlleistungen der nach Oud verantwortlichen Bauleitung innen und außen so stark modifiziert, daß der heutige Bau nur noch rudimentär Ouds Vorstellungen ähnelt. – Wandmalereien von Karel Appel).
1958	Rathaus, Almelo (nach dem Tod des Architekten mit vielen von Oud nicht autorisierten Veränderungen errichtet).
1959/60	Rathaus, Rhenen. Projekt.
1960	Haus Plate, Voorburg. Projekt.
ca. 1960	Eine Vielzahl von Skizzen Ouds scheinen den letzten Lebensjahren anzugehören. Verschiedene Hochhaustypen werden immer erneut variiert und stehen wohl in Zusammenhang mit den Arbeiten für Almelo, Rhenen und dem Haager Kongreßzentrum.

Abbildungsverzeichnis, Bildlegenden

Alle Photographien befinden sich im Oud-Archiv, Wassenaar (Holland), im Besitz von Frau Oud-Dinaux

Bibliographie (Auswahl)

1. Bücher von Oud

Holländische Architektur, Bauhausbuch Nr. 10, München 1926, neu aufgelegt Mainz-Berlin 1976.
Nieuwe bouwkunst in Holland en Europe, S'Gravenhage 1935, wiederaufgelegt 1981.
Mein Weg in 'De Stijl', Den Haag 1960.
Ter wille van een levende bouwkunst, Den Haag 1962.
Architecturalia, voor bouwheren en architecten, Den Haag 1963.

2. Aufsätze von Oud

Over Bouwkunst, in: Schnitemakers Purmerender Courant, 18.1.1911.
Opwekking, in: Studenten Weekblad, Delft, 10.3.1911.
Arbeiderswoningen van J. Emmen, in: Technisch Studenten Tijdschrift, Delft, 15.3.1911.
Gedachten over Bouwkunst, in: Gedenkboek. Uitgegeven Ter Herinnering aan het 10-jarig bestaan der Vereeniging van Leerlingen der Rijks-Normaalschool voor Teekenonderwijzers, Amsterdam 1911.
Schoorsteen in het gebouw der Werkmansvereeniging 'Vooruit' te Purmerend, in: Klei IV, 22, 15.11.1912.
Onze eigen bouwstijl. Critiek op artikel van G. van Hulzen, in: Holland Express, 5.3.1913, Bouwkundig Weekblad 33, 10.5.1913.
Naar aanleiding van 'Van de Scheepvaarttentoonstelling, in: De Wereld, 18.7.1913.
Landhäuser van Hermann Muthesius. (Boekbespr.), in: Bouwkundig Weekblad 33, 29.11.1913.
Stadsschoon. (N.a.v. Uitbreidingsplan van Purmerend), in: Schnitemakers Purmerender Courant, 3.9.1913.
Bioscooptheater te Purmerend, in: Bouwkundig Weekblad 34, 7.2.1914.
Landhuisje in Blaricum, in: Bouwkundig Weekblad 37, 13.4.1916.
Over Cubisme, Futurisme, Moderne Bouwkunst, Enz., in: Bouwkundig Weekblad 37, 16.9.1916.
Het monumentale stadsbeeld, in: De Stijl, Okt. 1917, Nr. 1.
Kunst en machine, in: De Stijl, Jan. 1918, Nr. 3.
Bouwkunst en normalisatie bij den massabouw, in: De Stijl, Mai 1918, Nr. 7.
H.P. Berlage und sein Werk, in: Kunst und Kunsthandwerk, 1919, Nr. 6–8.
Architectonische beschouwing: A Massabouw en straatarchitectuur. B. Bewapend beton en bouwkunst, in: De Stijl, Mai 1919, Nr. 7.
Over de toekomstige bouwkunst en haar architectonische mogelijkheden, in: Bouwkundig Weekblad 11.6.1921.
Uitweiding bij eenige afbeeldingen, in: Bouwkundig Weekblad, 1.3.1924.

Vers une architecture van le Corbusier-Saugnier, in: Bouwkundig Weekblad, 1.3.1924.
Ja und Nein. Bekenntnisse eines Architekten, in: Almanach Europa 1925.
De 'Nieuwe Zakelijkheid' in de Bouwkunst, in: de 8 en Opbouw, 1I.11.1932.
European movement towards a new architecture, in: The Studio, 1933, Nr. 105–06.
Landelijke architectuur, in: de Groene Amsterdamer, 7.12.1935.
Durven en niet-durven in de architectuur, in: Bouw, 20.7.1946.
Wij bouwen weer op?, in: de Groene Amsterdamer, 21.12.1946.
Meeningen over de Delftsche School, in: de Groene Amsterdamer, 22.2.1947.
Bouwen en pseudo-bouwen, in: de Groene Amsterdamer, 22.1.1949.
Restaurent – tot er de dood uo volgt, in: de Groene Amsterdamer, 26.2.1949.
Architectur-critiek en architectuur, in: de Groene Amsterdamer, 14.1.1950.
Schilder en Architect, in: De Groene Amsterdamer, 13.1.1951.
Bouwkunst of industrial design?, in: de Groene Amsterdamer, 1.11.1952.
Zijn er nog architecten, in: de Groene Amsterdamer, 17.2.1959.

3. Schrifttum über Oud

Barbieri, U., Colenbrander, B., Engel, H.: Architectuur van J.J.P. Oud, Rotterdam 1981 (Kat). Die italienische Ausgabe: J.J.P. Oud, 1906–1963, Rom 1982.
Beckett, J.: The Original Drawings of J.J.P. Oud 1890–1963, London 1978.
Blotkamp, C.: Architectuura als utopie, ca. 1916–1944, in: Wonen Tabk, 4/5, 1982, S. 28–40.
Colenbrander, B.: J.J.P. Oud. Restrained and careful, in: Het Nieuwe Bouwen, Previous History, Delft 1982, S. 154–169.
Esser, H.: J.J.P. Oud, in: De beginjaren van De Stijl, Utrecht 1982, S. 125–154.
Fischer, W.: J.J.P. Oud. Bauten 1906–1963, München 1965.
Gruyter, W.J. de: Architect J.J.P. Oud, Rotterdam 1951.
Joedicke, J.: J.J.P. Oud, in: Bauen und Wohnen, 12, 1966, S. VII 1–VII 2.
Polano, S.: Architettura Olandese, Mailand 1981.
Rebel, B.: De volkswonigbouw van J.J.P. Oud, in: Nederlands Kunsthistorische Jaarboek, 28, 1977, S. 127–168.
Stamm, G.: Purmerend bakermat van de architectonische wereldgeschiedenis, in: Ruimte, Sept. 1977, S. 14–17.
Ders.: Het jeugdwerk van de architect J.J.P. Oud 1906–1917, in: Museumsjournaal, Dez. 1977, S. 260–266.

Ders.: Bakermat 20e eeuwse architectuur ligt in Purmerend, in: Nordhollandse Courant, 31. Juli 1978.

Ders.: The Architecture of J. J. P. Oud 1906–1963, Tallahassee (Florida) 1978 (Kat.).

Ders.: De doorbraak (1916–1919) bij J. J. P. Oud. Over de lijnen van geludelijkheid tussen Velp en Purmerend, in: Bouwkundig Weekblad, März 1979, S. 11–14.

Taverne, E. R. M.: Bouwen zonder make-up. Acties van Oud tot behond van de architectuur, in: Wonen Tabk, 3, 1983, S. 8–22.

Veronesi, G.: J. J. P. Oud, Mailand 1953.

Wiekart, K.: J. J. P. Oud, Amsterdam 1965, S. 8–9.

4. Allgemeine Literatur

Baljeu, J.: Theo van Doesburg, New York 1974.

Banham, R.: Die Revolution der Architektur. Theorie und Gestaltung im ersten Maschinenzeitalter, Reinbek 1964.

Behne, A.: Der moderne Zweckbau, München, Wien, Berlin 1926.

Behrendt, W. C.: Modern Bulding, New York 1937.

Benevolo, L.: Geschichte der Architektur des 19. und 20. Jahrhunderts, München 1964, Bd. I., II.

Blake, P.: Form Follows Fiasco. Why Modern Architekture hasn't Worked, Boston 1977.

Brown, T. M.: The Work of G. Rietveld Architect, Utrecht 1958.

Doesburg, Th. van: Aufzeichnungen über monumentale Kunst, in: De Stijl, 1918–19, Nr. 1, S. 10–12.

Drexler, A. (Hrg.): The Architecture of the Ecole des Beaux Arts, New York 1977.

Giedion, S.: Raum, Zeit, Architektur, Stuttgart 1965.

Gropius, W.: Internationale Architektur, München 1925, Mainz 1981.

Günther, R.: Rettet Eisenstein, Bielefeld 1973.

Hilberseimer, L.: Internationale Neue Baukunst, Stuttgart 1926.

Hitchcock, H.-R.: Modern Architecture. Romanticism and Reintegration, New York 1929.

Ders., Johnson, P.: The International Style. Architecture since 1922, New York 1932.

Hoffmann, H.: Die Neue Baukunst, Stuttgart 1930.

Hüter, K. H.: Das Bauhaus in Weimar, Berlin (DDR) 1976.

Jaffé, H. L. C.: De Stijl. 1917–1931. Der niederländische Beitrag zur modernen Kunst, Frankfurt/M., Berlin 1965.

Ders.: Mondrian und De Stijl, Köln 1967.

Jencks, C. A.: Die Sprache der postmodernen Architektur, Stuttgart 1978.

Joedicke, J.: Geschichte der modernen Architektur. Synthese aus Form, Funktion und Konstruktion, Stuttgart 1958.

Ders., C. Plath: Die Weißenhofsiedlung, Stuttgart 1977.

Junghanns, K.: Bruno Taut 1880–1938, Berlin (DDR) 1970.

Klotz, H.: Materialien zu einer Gropius Monographie, in: Architectura 1971.

Leck, B. van der: Die Rolle der modernen Malerei in der Architektur, in: De Stijl 1917-18, Nr. 1, S. 6–7.

Longhem, J. B. van: Bouwen. Holland Nieuwe Zakelijkheid, 1932.

Lurcat, A.: Architecture, Paris 1929.

Mondrian, P.: Die Neue Gestaltung. Neoplastizismus. Nieuwe Beelding, Mainz 1974.

Pehnt, W.: Die Architektur des Expressionismus, Stuttgart 1973.

Pevsner, N.: Pioneers of Modern Design, London 1936.

Platz, G. A.: Die Baukunst der Neuesten Zeit, Berlin 1930.

Ragon, M.: Ästhetik der zeitgenössischen Architektur, Neuchatel 1968.

Scully, V. J.: Modern Architecture. The Architecture of Democracy, New York 1961.

Sembach, K. K.: Stil 1930, Tübingen 1971.

Stern, R.: New Directions in American Architecture, New York 1972.

Taut, B.: Die Neue Baukunst, Stuttgart 1929.

Turnbull, A. (Hrg.): The Letters of F. Scott Fitzgerald, Middlesex 1968.

Venturi, R.: Complexity and Contradiction in Architecture, New York 1966.

Wattjes, J. G.: Nieuwe Nederlandse Bouwkunst 1, Amsterdam 1924.

Whittick, A.: European Architecture in the Twentieth Century, Aylesbury 1974.

Wingler, H. M.: Das Bauhaus, Bramsche 1975.

Yerbury, F. R.: Modern Dutch Building, London 1931.

Zevi, B.: Storia dell'architettura moderna, o. O. 1955.

Personen-
und Ortsregister